合伙人制度

股权设计 · 考核机制 · 风险规避

王璞——著

Parternership

人民邮电出版社
北京

图书在版编目（CIP）数据

合伙人制度：股权设计、考核机制、风险规避 / 王璞著. -- 北京：人民邮电出版社，2022.2（2023.3重印）
ISBN 978-7-115-57746-7

Ⅰ. ①合… Ⅱ. ①王… Ⅲ. ①合伙企业－企业制度－研究 Ⅳ. ①F276.2

中国版本图书馆CIP数据核字（2021）第217393号

内 容 提 要

在这个"大众创业，万众创新"的时代，合伙人制度的优势得到了充分的凸显：可以避免传统的职业经理人制带来的弊端，深度绑定了企业与优秀员工，使员工得到充分激励。然而，在企业科学地建立合伙人制度却不是一件易事。

本书提供给读者一套建立合伙人制度的方法论——合伙人制度必不可少的五要件，即合伙人具有统一的发展观和价值观、对合伙人的选择和上升通道进行分层、恰当的股权激励模式、不可或缺的考核机制以及合理的退伙机制。通过以上五要件，读者可以清楚地知道如何下手搭建属于自己的合伙框架。同时，本书从法律的角度分析了合伙人制度可能存在的法律风险以及应该如何避免这些风险，教会读者在合伙人制度实行的过程中如何做好法律风险防控。最后，本书还提供给读者可以直接使用的入伙协议、退伙协议等九个常用的协议模板，方便读者使用在自己的企业中。

本书适合企业高管、人力资源从业者、创业者以及所有想要了解和学习合伙人制度的读者阅读与学习。

◆ 著　　　　王　璞
责任编辑　刘晓莹
责任印制　彭志环

◆ 人民邮电出版社出版发行　北京市丰台区成寿寺路11号
邮编　100164　电子邮件　315@ptpress.com.cn
网址　https://www.ptpress.com.cn
北京虎彩文化传播有限公司印刷

◆ 开本：700×1000　1/16
印张：15.5　　　　　　　　　　2022年2月第1版
字数：208千字　　　　　　　　2023年3月北京第3次印刷

定价：79.80元

读者服务热线：(010)81055296　印装质量热线：(010)81055316
反盗版热线：(010)81055315
广告经营许可证：京东市监广登字 20170147 号

前言
PREFACE

在号召"大众创业,万众创新"的背景下,当今时代是一个合作的时代!越来越多的人选择自主创业。只要创业,就离不开"合作"二字。

随着阿里巴巴、华为、小米等集团的不断发展,合伙人制度被越来越多地提及,介绍合伙人制度的书也数不胜数。俗话说:"人多力量大。"通常,合伙做事确实有着比单打独斗更强大的力量。

要想与他人合伙,就要明白:什么是合伙人制度,如何建立合伙人制度,建立合伙人制度会有哪些优势,建立合伙人制度有哪些缺点,合伙人制度是否适用于任何行业。许多人认为合伙人制度就是简单的"合而为之"。这种理解太狭隘,合伙人制度是由各种各样的规则支撑着的!

其实合作归根结底就是处理好钱和人这两件事,只要把这两件事处理得当,合作自然顺利。关于钱的问题,本书论述了合伙人应该如何出资、出资额应该如何分配、公司盈利应该如何分配、合伙人退伙应该如何处理股份等；关于人的问题，本书提到了创业者应该如何寻找合伙人、如何处理自己和合伙人的关系、在合作的过程中遇到问题应该如何处理等。关于上述问题，相信各位读者在读完本书后，会找到答案。

另外，在此特别鸣谢任康磊先生为本书成稿提供的多方面帮助。

本书从构思到完成，历时近一年，我从中体会到坚持写作的不易。由于作者水平有限，书中难免存在疏漏之处，还请读者批评指正。

王璞

2021 年 2 月

目录

第一章　雇佣制与合伙制

1.1 跟不上时代的雇佣制	002
1.1.1 什么是雇佣制	002
1.1.2 雇佣制的优势和弊端	002
1.1.3 雇佣制与合伙制的现状	004
1.2 日益发展的合伙人制度	005
1.2.1 什么是合伙人制度	005
1.2.2 合伙人制度对不同发展时期的企业有着不一样的含义	008
1.3 合伙人制度的优势	010
1.3.1 避免职业经理人制带来的弊端	010
1.3.2 留下人才与资源	012
1.3.3 垂直化、服务式的管理模式	013
1.4 合伙人制度的弊端	015
1.4.1 法律上的限制性	015
1.4.2 制度形式的复杂性	015

第二章　合伙人制度的三种模式

2.1 股东合伙人　　　　　　　　　　　　　　　　　019

2.2 事业合伙人　　　　　　　　　　　　　　　　　021

2.3 生态链合伙人　　　　　　　　　　　　　　　　023

第三章　合伙人制度的由来

3.1 内因　　　　　　　　　　　　　　　　　　　　027

  3.1.1 效益停滞，缺乏新的增长点　　　　　　　027

  3.1.2 留住人才的现实要求　　　　　　　　　　028

3.2 外因　　　　　　　　　　　　　　　　　　　　029

  3.2.1 市场经济以人才为中心的发展趋势　　　　029

  3.2.2 人才争夺战越发激烈　　　　　　　　　　029

  3.2.3 职业经理人制度的局限性　　　　　　　　030

第四章　合伙人制度案例评析

4.1 华为的股权激励模式　　　　　　　　　　　　　033

  4.1.1 华为股权激励模式的四个阶段　　　　　　035

  4.1.2 公司设置股权激励计划的五大步骤　　　　040

  4.1.3 如何制作股权激励计划　　　　　　　　　042

4.2 阿里巴巴的双层股权结构　　　　　　　　　　　073

  4.2.1 独特的双层股权结构　　　　　　　　　　073

4.2.2 同股不同权	074
4.2.3 全员持股计划	075
4.2.4 全员持股计划的配套管理制度	075
4.2.5 阿里巴巴独创的合伙人制度	076

第五章　如何选择合伙人

5.1 选择合伙人的三种途径	080
5.2 选择合伙人的三大标准	082
5.2.1 基础条件	082
5.2.2 业务综合能力	082
5.2.3 主观标准	083
5.3 选择合伙人的三大禁忌	085
5.3.1 先人后事	086
5.3.2 缺乏信任、不懂妥协	086
5.3.3 道不同	087

第六章　合伙人的出资及利益分配

6.1 合伙人出资的两类方式	090
6.1.1 现金 / 实物出资	090
6.1.2 无形资产出资	093
6.2 如何确定合伙人的出资比例——股权设计	095
6.2.1 为什么要重视股权设计	095

6.2.2 股权设计包括的部分	097
6.2.3 做好股权设计的关键——掌握控制权	098
6.3 陷入僵局的三种股权结构	104
6.3.1 股份平分或一人持股	104
6.3.2 忽略小股东的股权份额	104
6.3.3 仅依据出资设置股权结构	105
6.4 合伙人的利益应该如何分配	106
6.4.1 固定薪资 + 分红	106
6.4.2 持股比例 × 职位难度 / 贡献系数	107
6.4.3 持股比例 × 职位难度 / 贡献系数 + 项目分红	107

第七章　合伙人制度必不可少的五大要件

7.1 合伙人拥有统一的价值观与发展观	110
7.2 对合伙人的选择和上升通道进行分层	112
7.3 为合伙人设置恰当的股权激励方案——"8 想"	114
7.3.1 第一想：是定向增资还是股权转让	115
7.3.2 第二想：是否建立持股平台	116
7.3.3 第三想：股权激励数量以及资金来源	116
7.3.4 第四想：股权激励的具体形式	117
7.3.5 第五想：激励对象	118
7.3.6 第六想：获得持股资格的标准或条件	118

7.3.7 第七想：股权的发放时间　　118

7.3.8 第八想：退出机制　　119

7.4 不可或缺的绩效考核机制　　122

7.4.1 确定考核周期　　122

7.4.2 编制考核计划，建立考核体系　　123

7.4.3 实施考核　　124

7.4.4 修正、改进考核体系，将修正后的考核体系运用到下一次考核中　　124

7.5 退伙机制　　126

7.5.1 设置一套完善的退伙机制的必要性　　126

7.5.2 不同的企业形式适用不同的退伙方式　　127

7.5.3 如何设置一套完善的退伙机制　　128

第八章　合伙人制度的风险防控

8.1 出资纠纷　　135

8.2 股权代持的法律风险　　139

8.3 对赌协议与股权回购的法律风险　　142

8.4 财产归属的法律风险　　145

8.5 合伙企业中各合伙人关于事务管理的法律风险　　147

8.6 股东股权转让中的法律风险　　149

8.7 公司法人人格否认制度对股东的风险　　154

8.8 股东知情权、分红权、表决权的法律风险　　156
　　8.8.1 股东的知情权　　156
　　8.8.2 股东的分红权　　158
　　8.8.3 股东的表决权　　160
8.9 股权继承的法律风险　　164
8.10 夫妻在股权中的法律风险　　167

第九章　走向失败的合伙之路

9.1 "万通六君子"的好聚好散　　172
9.2 某中式快餐公司的股权之争　　173
9.3 某小吃快餐公司为何失败　　175
9.4 走向散伙的律师事务所　　177

第十章　合伙人制度疑难问题解决建议

10.1 应该怎么约束不出钱的合伙人　　181
10.2 大股东行使表决权时如何避免被小股东"绑架"　　185
10.3 如何与资源丰富的合伙人合作　　188
10.4 合伙过程中资源中断怎么办　　193

附录

全书法律法规适用版本	196
合伙企业入伙协议	198
最高人民法院关于适用《中华人民共和国公司法》若干问题的规定（三）	200
股权代持协议书	208
一致行动人协议	211
退伙协议书（合伙企业）	213
退股协议书（有限责任公司）	216
股权回购协议	219
股东利润分配协议书	227
股权转让协议书	230

参考文献

CHAPTER 01
第 一 章

雇佣制与合伙制

1.1 跟不上时代的雇佣制

在谈论合伙人制度之前,介绍一下它的前身——雇佣制。在20世纪20年代至80年代,我国就业状况是劳动力缺乏,存在巨大的人才缺口。劳动者与企业之间无法稳定且有效地联系在一起。因此,为了在劳动者与企业之间建立一种持续稳定的关系从而满足企业的人才需求,雇佣制应运而生。

1.1.1 什么是雇佣制

雇佣制,就是雇佣者用工资与被雇佣者的劳务、技术以及智力等生产要素进行交换的一种制度,其曾被认为是最具忠诚的一种管理制度。雇佣者一般被称为领导或老板,被雇佣者则是企业的员工。因为雇佣制出现的背景是企业与劳动者之间的关系不稳定,所以,雇佣制最突出的特点就在于企业与员工之间存在紧密和稳定的联系。

1.1.2 雇佣制的优势和弊端

现今,雇佣制仍然存在于大量的企业之中。它之所以能有这样的生命力,和它的特点分不开。企业通过给员工发放福利、提供晋升平台,让员工产生依赖感从而维系与员工的关系。我们经常可以听到公司领导对员工说:"要把公司当成自己的家,去爱护它、经营它。"这就是雇佣制所强调的稳定性和紧密性。

除此之外，雇佣制能够让员工产生安全感。这种安全感来自雇佣的时间是可能被延长为终身的。一个员工有可能在同一家企业里从年轻一直干到退休，但前提是员工在工作中不会出现大的纰漏，企业不会破产。正是这种长期的稳定带给了员工一种踏实的感觉。

但是在互联网产业快速发展的时代背景下，雇佣制的特点已经束缚了企业的发展，追求稳定和踏实的雇佣制已经不能够满足劳动者的需要。大家对工作的选择不仅要考虑它是不是足够稳定，还会考虑能不能在这个岗位上体现自己的价值，这个工作会有怎样的升职空间。尤其是现在的青年人，越来越追求在工作中的成就感。这就是大量员工开始跳槽，员工在一家企业工作的年限越来越短的原因。阿里巴巴、华为、万科、小米等推出合伙人制度的原因之一就是留住人才。

此外，雇佣制下的企业会分各类部门，每个部门对部门内部的事情负责，也就是实行部门负责制。但是随着企业内部分工合作的加强，没有哪个部门可以独立工作，部门与部门之间是需要配合的。但是在一个畸形的企业环境里，配合得好可能会出现争抢功劳的场景，配合得不好可能会出现各部门互相推卸责任的场景。长此以往，企业内部就会出现数个利益小集团，协调起来非常困难。

现在的部分企业存在着部门间"拉帮结派"的问题，而关于破除部门制弊端的经典案例要数华为集团的任正非先生"砸墙"了。

当时华为已经发展到了一定的阶段，但是公司内部官僚作风非常严重，各部门之间难以协调。于是在2009年，任正非先生砸掉这个"部门墙"，让华为内部重新建立起良性的沟通和协作机制，清除了官僚主义作风。

破除雇佣制弊端的小妙招如下。

1. 利用流程管理取代人为管理，变经理管理制为团队合作制，让一个员工团队负责一个项目从生产到销售的全过程。

2. 实行轮岗制，将公司高管轮番派到各个岗位，使得高管的权力以及管理范围随时变动。这还有个好处，就是不容易出现高管"占山为王"的局面，对于创始人掌握控制权也有利。

可以看出，上述两种变动都使得公司的运行不再依赖于某个部门，各个部门不再只需要管好自己的内部事务，而是需要运营整个项目。这样做不仅使得雇佣制的弊端有所消除，还培养了一大批能力较强的项目执行者。

1.1.3 雇佣制与合伙制的现状

由于雇佣制在我国有比较长的历史，且运用于各行各业，所以，雇佣制目前在我国企业中仍然占有很大的比例。

但是合伙制的出现使得雇佣制不再是创始人建立企业的唯一选择。比如，雷军在创立小米的时候就考虑直接让小米的员工作为创始人。他后来也确实这么做了，从小米的发展来看，合伙制在该企业中的作用是可圈可点的。

1.2 日益发展的合伙人制度

合伙人制度的出现,对创业者以及企业家来说既是一种机遇,也是一种挑战。合伙人制度究竟是一种什么样的制度呢?让我们一探究竟。

想要研究一个制度,就要从其最基本的概念和定义开始。因此我们必须清楚:什么叫合伙人,什么叫合伙人制度,二者有什么区别,合伙人制度对不同发展时期的企业有什么含义。

1.2.1 什么是合伙人制度

虽然合伙人制度为大多数创业者或人力资源管理者所知悉和运用,但是仍有许多人无法准确地理解合伙人制度,甚至将其简单地理解为一种股权激励手段。显然,这种以偏概全的理解是不对的。"合伙人制度"作为一个复合词,由"合伙人"和"制度"组成,那什么是合伙人?

合伙人的含义在不同的情况下有所不同。在法律上,它是比较普遍的概念,通常指以其资产进行投资,根据合作各方的协议获得某经济体的权利及义务,并对其债务负有无限或有限责任的自然人和法人。这里的资产,既可能是货币,也可能是实物资产和权利,如股份、知识产权等,甚至也有可能是劳务。

不同于法学意义上的合伙人,管理意义上的合伙人是一种组织企业发展和运行的主体,即某一组织中的领导者或主要领袖。他们将具有相同经营理念的人组织到一起,为了将这种经营理念转化为现实而建立起事业共同体。事业共同体旨在将人力与资本进行结合，共同推动企业的创新与发展，从而促进经营理念的现实化。事业理想的实现，不是靠单独的个人，而是靠将各方有志之士聚集在一起构成的事业共同体。

通过这种途径所建立起来的合伙人制度的最大特点就是创造拥有感。这种拥有感不是法律上的拥有，而是一种归属感和持有感。合伙人制度下的每一位合伙人都拥有参与企业经营的权利，企业如何发展、发展到什么程度是每一位合伙人都需要考虑的问题，而且企业发展的程度也取决于各合伙人之间的关系以及各自为企业发展做出的努力。合伙人制度给合伙人以权利、责任和前景，这种制度使得合伙人"给老板打工"的心态变为"给自己打工"的心态，从而可以更加积极地投入工作。当企业的命运与合伙人自己的发展挂钩时，合伙人就会拥有无限的激情，这种激情是长久的、持续的。

本书所指的合伙人，并非法律中所特指的合伙企业合资者，而是指合资、合作创立企业的人以及个人之间的合伙者。这个范围是很广的，在笔者看来，合伙就是与自己有共同发展理念的同伴聚集在一起做事。那么无论所创企业的具体形式以及制度是什么，只要满足上述条件，都可以称为合伙。

一般情况下，合伙人的权利主要是经营联合出资企业，参与联合出资企业事务执行，享受收益的分配；义务主要是遵守合伙协定和公司章程，承担企业营运亏损的责任，根据需要对企业增资等。合伙是因为个体的力量太弱了。许多个体在发展过程中，可能出现有钱没资源、没钱有资源、没能力有资源、有能力没资源等情况。合伙人制度的优点在于合作，即资源整合和能力整合。没有资金就融资，没有能力就拉有能力的人入伙，如此一来，成功的概率就会很大。

有了合适的人还不够，还要有配套的措施来进行约束。俗话说，没有规矩不成方圆，合伙人的权利和义务必须通过公司章程或者合伙协议确定。通过公司章程以及合伙协议的方式将合伙人的权利和义务明确后，合伙事业就可以开始运行了。在运行的过程中，各个合伙人行使自己的权利，履行自己的义务，一起分配利润，承担亏损，这是一种安全感，也是合伙人制度的核心。合伙人制度的重点在于一个字：合。俗话说，人多力量大。尤其是在社会分工逐渐细化的时代，每个人都不可能是全才，此时合作就显得尤为重要。如何取他人之长补自己之短，避免短板效应就成为一门值得我们学习的学问。

近几年，部分企业的崛起和兴盛，使得合伙人制度快速地被人们认识并接受。比如，阿里巴巴集团的双层股权结构在国内掀起了一股浪潮；华为通过高效的股权激励手段获得了称赞。可以看出，无论是华为、阿里巴巴，还是小米，都在为合伙人制度增加热度，它们都是合伙人制度的支持者。

由于上述企业取得了令人满意的成绩，许多小公司以及创业者也纷纷想采用合伙人制度。但是，合伙人制度并非一个全新的制度，它是时代的产物，新时代赋予了其特殊的含义。如果没有经济的快速发展、社会分工的细化，合伙人制度是很难发展得这么快的。

合伙人制度真正被人重视是在2013年。这一年，阿里巴巴率先实行合伙人制度；随后，小米和万科也宣布实行合伙人制度。但其实，华为、腾讯以及碧桂园等一系列企业早就实行了合伙人制度并获益于该制度，只不过没有公开宣布而已。不论这些企业的成功是否归功于合伙人制度，但事实上合伙人制度确实引起了创业者和投资者的好奇心。他们中很少有人会怀疑这些企业的成功是合伙人制度带来的，也很少有人思考合伙人制度的弊端，大多数人自然而然地将这些企业取得的业绩和合伙人制度挂钩。这就导致了一些不冷静的创始人在事业上"摔跟头"。因此，许多理论家和实践家开始深入地研究这种制度，开始认真地研究合伙人制度的利弊。

1.2.2 合伙人制度对不同发展时期的企业有着不一样的含义

笔者认为合伙人制度并非只有一种固定的形式和目的。一个企业从创立、发展到成熟,其所需要的管理和运行制度是截然不同的。因此,合伙人制度对不同发展时期的企业有着不一样的含义。

对于创业阶段的企业,合伙人制度就意味着找到创业合作伙伴,合伙人间形成互补,解决企业起步阶段的能力短板问题。比如新东方的"三驾马车",也就是俞敏洪、徐小平和王强。新东方的创始人是俞敏洪,在新东方发展初期,他积极地向徐小平和王强发出邀请。这两人的加入,为新东方注入了智慧、学术、关注和人气。

与处于创业期的企业不同,对于发展期的企业来说,合伙人制度意味着招揽人才、留住人才、激励员工。任何企业发展到一定阶段都会有后劲不足的问题,此时为企业增添活力就是必需的。企业在发展的瓶颈期,更应该关注留住人才。企业可通过股权激励等一系列配套措施留住人才,激励内部员工。

最后,对于成熟期的企业来说,合伙人制度意味着牢牢抓住控制权,创始人不因融资而丧失对企业的控制权。通常一家企业在具备了一定的规模,在国内外具有一定的竞争力之后,就会有投资人为它投资。此时,如何使创始人团队不因融资扩股而丧失控制地位显得十分重要。在实践中,有太多的企业创始人因为企业融资扩股而失去了控制地位。

以上有关企业发展的不同阶段所涉及的各种手段和方法绝不是单一地适用于某一企业,而是均有涉及,只是侧重点不同罢了。许多企业在出现内部人才流失的时候首先就会想到股权激励,让人才成为合伙人,以为这样能绑住人才,久而久之就认为合伙人制度等于股权激励。事实上,合伙人制度包括一系列配套措施,并不仅仅是股权激励。本书的后文会提到,一个好的合伙人制度通常包括以下五点：合伙人拥有统一的价值观和发展观、对合伙人的选择和上升通道进行分层、为合伙人设置恰当的股权激励方案、不可或缺的绩效考核机制以及适当的退伙机制等。

任何一种事物都包含着正反面，合伙人制度也是如此。我们不能因为成功案例的存在而忽视它的缺点。因此，在了解甚至使用合伙人制度之前，我们必须明确该制度的优缺点，并且思考如何发挥合伙人制度的优势，避开其弊端。

1.3 合伙人制度的优势

雇佣制之所以成了合伙人制度的前身,是因为其内部存在着不可调和的矛盾——职业经理人制弊端。

1.3.1 避免职业经理人制带来的弊端

多年来,我国企业的发展模式主要是雇佣制,其表现之一就是企业创始人高薪聘请职业经理人为其管理企业各项事务。公司制下的企业会有多个管理部门,如财务部、行政部、营销部等。创始人由于能力、精力有限,无法同时掌管和处理各种事务,在这种情况下,职业经理人应运而生。这种由创始人聘请各方面的管理者处理各个部门事务的模式就是职业经理人制。

职业经理人制发展到比较成熟的阶段,就出现了这种情况:真正优秀的职业经理人在行业内成为各大企业抢夺的人才。职业经理人很可能会为了追求更高的薪酬而跳槽。这种情况对其原来所在的企业造成的损失是巨大的——加大了企业的人力资源负担。并且,被企业需要的职业经理人很可能为了快速实现短期利益,而忽略企业发展的长期性和稳定性,使企业陷入风险。当然,这种风险最终的承担者是企业和各创始人,职业经理人很少为此承担责任。

经典的职业经理人制改革是万科对职业经理人制做出的改革。2013年,万科的股票价格大幅下跌。经过反复的思考,万科认为,职业经理人制能够实现"共创"和"共享",但不能"共担"。为了落实"共担"这一目标,万科决定推进事业合伙人持股计划，在项目层面建立跟投机制。万科主动启动了战略、机制、文化、组织、人"五位一体"的全面转型升级，推进职业经理人制向事业合伙人制再升级，打造同心同路、共同奋斗的事业合伙人队伍。发展"合伙奋斗"的事业合伙人文化，以共识、共创、共担和共享为理念，牵引思想、行为和机制不断创新。同时全面组织重构，以战略方向、文化引导和事业合作人制为主，打造矢量组织、冠军组织和韧性组织。在专业人才培养方面，打造以事业奋斗为本、具有劣后担当精神、持续创造真实价值的事业合伙人人才队伍，不断努力凝聚和培育鼓励广大的事业奋斗者，推动公司事业不断壮大。事业合伙人通过不断发挥自己的积极作用，在未来不断实现全面创造价值，共同创造成就。

可以说，万科为了消除职业经理人制的弊端，重新激活公司发展动力，建立事业合伙人制是一个必然选择。在建立事业合伙人制之前，万科的管理层持股极少，在董事会的席位很少；而股东间一旦形成了统一力量，就会对公司的控制权有较大影响。一旦公司出现控制权旁落，那么职业经理人和公司的前景就会发生巨大的改变。尽管2006年和2010年万科推出了限制性股票激励计划，并设立了极其严格的股价考核标准，但两次激励计划的实施结果不尽如人意；更严重的是，2010年到2012年高管人数大量减少，三年间约有一半执行副总裁和许多中层管理人员离职。

万科所确立的事业合伙人制度，巩固经营层的控制权。无论是公司层面的持股计划，还是项目层面的跟投制度，将员工变成合伙人都可以更有效地对其进行激励。建立事业合伙人制，能更好、更有效地解决投资人与企业员工之间的利益分享问题，使公司继续保持着发展活力，保持团队的战斗力！

合伙人制度之所以能被阿里巴巴、华为等大型企业以及各个发展中的企业看中，很大程度上是因为合伙人制度能够很好地弥补职业经理人制的不足。

与职业经理人制不同，合伙人制度会带给内部高管或合伙员工为自己干事的心理暗示。事业制、合伙制打破了多年来严格的上下级观念，根本性地提高了人力资源的利用效率。同时，由于心理和角色的变化、上下级观念被削弱，更多的员工能够与企业创建者保持合作关系。一种良好的工作环境能使员工感到自己得到认可，在这样的情况下，员工会更愿意为企业付出。

同时，合伙人制度会让合伙人产生强烈的责任感。雇佣制下，对于一般的员工而言，工作只是工作，企业发展得好也只是老板的成就。建立合伙人制度之后，员工也是企业的"老板"了，这会让员工产生成就感和存在感，能极大地提高其工作积极性和责任意识。

1.3.2 留下人才与资源

一个企业靠什么留下人才？高工资？高福利？不加班？调查发现，将人才纳入合伙人体系对人才的吸引力是非常大的。比如，华为在其发展的过程中，三次调整员工持股的方案，这不仅赢得了口碑，还使内部人才对企业的发展充满信心。所以说，企业要想发展，不仅要把人留下，还要把人的心留下。要想和别人成为合伙人，就要做好利益共享、风险共担、事业共创的打算。

从根本意义上讲，建立合伙人制度是资源的整合过程。在这一过程中，合伙人通过联合企业将相互合作的人和财集中起来，充分发挥自己的作用，但又有侧重点。例如，看重合伙人的股权或其他财产，就是对金钱的需要；看重合伙人的人际关系、技术，就是对"智囊"的需求。对于小企业而言，单纯获得外部融资、人际关系和技术人才的难度更大，而合伙人制度正好为企业提供了一个很好的平台：海尔通过合伙人，打造了企业平台战略；万科通过企业合作伙伴平台，进行了项目跟投。

1.3.3 垂直化、服务式的管理模式

我们都知道，传统企业中高级管理者的一条指令、一个命令以及一个决策都要经过层层传达，各主体之间有着明显的上下级关系。这主要源于传统企业中的组织结构模式——金字塔状。小部分高层在塔尖，大多数的基层员工都处于底层，各层次之间要想传播信息必须经过多道程序。

但是合伙人制度下的组织结构通常呈扁平状，领导在团体中并非高高在上，而是和员工互相合作，走向共赢。垂直化、服务式的管理模式为各主体之间的信息沟通带来便捷，降低了沟通成本，使工作更加有效、团队效益更好。

▶ 【案例】

以吸纳员工为合伙人出名的小米，正迅速地在行业内崛起，创造了一个又一个奇迹。小米取得如此大的成就有各方面的因素，但是必须要提到的是小米的管理方式。

小米的管理方式不是传统的队伍管理方式，小米设立了较少的核心管理层，在十个合作伙伴下面各设一名主管负责十个小组的管理，下一层则是普通员工，如图1-1所示。小米的工程师都是同一级别的，小米有"米聊群"，工程师有什么问题都可以在群中讨论，以减少会议次数，这既节约时间，又减少费用。

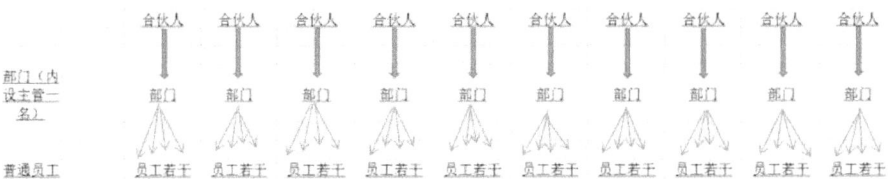

图1-1 小米的管理方式

小米的组织系统呈扁平状，各个管理者或者合作伙伴分管各自的团队，逐步形成了一个个相对独立的主体。一个单独的项目组织就是一个团队。当团队的人员太多时，团队就会被重新分割。这种扁平、垂直的组织系统，使小米可以在管理上做到最简化。很少有人考虑升迁问题，大部分人都在好好地工作。这种垂直化、服务式的管理方式也使得公司对管理人员提出更高的要求。因为一旦组织系统呈扁平状，管理者做的事就会增多。

1.4 合伙人制度的弊端

虽然目前看来合伙人制度有着巨大的发展空间,但是其本身也不可避免地存在弊端。

1.4.1 法律上的限制性

我国目前实行的公司法,原则上以股东为基础,由股东享有公司控制权。但是对于阿里巴巴来说,并非如此。阿里巴巴的控制权在合伙人(实际管理人)的手里,并非股东的手里。也就是说,公司的控制权从股东转移到了合伙人,这种所有权结构也被称为双层股权结构。这种结构与我国现行《中华人民共和国公司法》(以下简称《公司法》)中所遵从的保护股东权益为优先的理念是有冲突的,因此国内目前对双层股权结构在法律上不予认可。

1.4.2 制度形式的复杂性

合伙人制度是根据合伙人之间的契约建立起来的,因此具有一定的相对性。这就导致了当原合伙人离开或加入新的合作者时,都必须再建立一个全新的合伙人制度,这在一定程度上导致了制度的复杂化。更重要的是,合伙人制度被划分为三种不同的模式,而且在不同的模式之间进行转换是非常麻烦和困难的(详见后文)。此外,合伙人制度的特点在于"合而为之",这就意味着几乎所有的合伙人都要参与企业的经营管理，所有重大的决策都需要得到全体合伙人的同意，因此决策出现延误就不可避免。

但是，无论是优点还是缺点，它们都是合伙人制度的特点，也是合伙人制度与其他制度的不同之处。如何建立一种适合自身，从而推动企业快速发展的合伙人制度模式，对企业来说尤为重要。

CHAPTER 02
第 二 章

合伙人制度的三种模式

合伙人制度没有固定的模式,在实践中,以下三种模式经常被使用:第一,股东合伙人;第二,事业合伙人,属于联合创业模式;第三,生态链合伙人。

2.1 股东合伙人

有限责任公司的股东与合伙企业的合伙人是有区别的。

首先，二者的身份不同。合伙企业中的合伙人是根据《中华人民共和国合伙企业法》（以下简称《合伙企业法》）所设立的普通合伙企业或有限合伙企业的主体，有限责任公司的股东是根据《公司法》所设立的有限责任公司的主体。

其次，二者出资不同。除了能够用货币、实物、知识产权和土地使用权等财物出资外，合伙企业的合伙人还可以用劳务出资；而有限责任公司的股东则不允许使用劳务出资。同时，合伙企业的资产由所有合伙人共有，而有限责任公司股东的出资则由公司所有（有限责任公司具有独立的法人人格）。

再次，二者承担的法律责任类型不同。合伙企业没有独立的法人人格，不具备独立承担责任的能力，因此全体普通合伙人都应当对合伙企业债务承担无限连带责任（有限合伙人承担有限责任）；而有限责任公司股东具有独立的法人人格和财产权，可以对外承担责任，股东只在其出资范围内对公司债务承担责任。

再其次，法律对二者的竞业禁止规定不同。合伙企业的合伙人，不得自营或与他人联合开展与合伙企业相竞争的业务，这属于绝对禁止的情况，合伙协议也不能将其排除在外。而对于有限责任公司的股东来说，公司章程可以明确规定股东可与他人联合经营业务，以与本公司竞争；如果公司的章程没有明确规定，股东也不得自营或与他人联合经营与本公司相竞争的业务，以与本公司相抗衡。对股东的竞业禁止是相对的。

最后，二者行使的经营权不同。在合伙企业中，有限合伙人不参与管理，普通合伙人中，可由一个或几个普通合伙人执行合伙事务。而有限责任公司的股东通过管理公司实现经营和管理的权利，股东可以参加股东会，选举董事，并成立监事会。

本书所说的合伙人，既包含合伙企业的普通合伙人，也包括有限责任公司的股东，在有必要将两者进行区分时，本书会分别加以阐述。

有限责任公司的股东若实际管理公司，则可以称为股东合伙人。根据加入的时间不同，股东合伙人可以分为两种。一种是从公司初创期就存在的股东，即投入有形资产或者无形资产后成为公司创始股东的股东；另一种是在公司发展的过程中，创始股东为了扩大公司规模，通过兼并、融资等手段，吸纳的新股东。前者一般是关系较为密切的亲属或者朋友，人合属性较强；后者主要是外部的投资者，资合属性较强。

创业初期的企业，其股东合作伙伴模式通常是依赖于一个或多个合伙人的能力发展的，此时的公司一般没有财力来聘请高质量的人才，且内部没有详细的营销、生产和人事分工计划，各管理事项都由创业者亲力亲为。如果企业发展得好，就进入发展阶段；若发展得不好，则会夭折。一家创业企业是否能度过创始期，要根据四项指标来判断：是否建立了一套比较完整的管理体系和与之适应的经营者团队；是否找到稳定的企业业务方向以及配套的战略实施计划；是否具有充分的资金和人力支持；是否能持续盈利。

2.2 事业合伙人

近年来,事业合伙人越来越多地被企业家提及。其实,事业合伙制本质上就是以企业为平台、以项目为结点,与人才建立一种不同于雇佣制下员工和股东的关系,从而使人才成为企业的"合伙人"的制度。传统企业经营强调规划、规范、实施和监控,在此基础上对短期业绩实行短时间激励(年度)从而形成"雇佣制",但在这种体系下企业与员工的关系并不稳定。同时,由于职业经理人制存在风险及失败后果无人共担的问题,建立风险共担体制迫在眉睫。

从建立了事业合伙制的企业中可以了解到,"共担"就是事业合作制的核心,阿里巴巴、万科和华为等企业的所有制度安排都围绕着这一点展开。这主要考虑了以下三个方面。

1. 团队协作好过单兵作战。现在整个市场处于变革期,要想跟得上市场的步伐,必须快速地响应市场的变化。因此,对员工的要求不只是执行,还要求员工在执行的基础上进行创造。而创造的过程,其实就是集思广益的过程。所以合伙就是合作。

2. 提高员工成就感。部分员工不再满足于固定工资,他们希望有更多灵活性的收入。他们对按部就班地缓慢成长持否定的态度,希望能很快在工作中发挥更大的主导作用,从而获得更大的成就感。

3. "全员股东"不切实际。上面两个方面对于全员成为股东同样适用,但是不适用于人数特别多的情况:将符合条件的员工成为股东这一情况进行工商登记既麻烦又复杂,也无法做到"高标准、严要求、高回报、共风险",而且很可能会影响大股东对公司的控制权。但是事业合伙人制就不同了，这种制度下不用将所有合伙人都进行工商登记。这种制度不仅有助于提高人才选择标准和考核要求，还能用更具有吸引力的利益分配机制建立公司与人才的中长期纽带。

2.3 生态链合伙人

调查显示，同一生态链上的合作伙伴建立的合伙关系，对企业发展的价值是巨大的。其不但可以减少合作各方的运营费用，还可以提高各方的运营效率、产品或服务质量和品牌竞争力。

在利益的博弈中获得较大的单位毛利是传统商业的获利手段，在这种模式下，善于竞争者就可以获得更多的营利机会。采用生态链合伙人制有可能更大幅度地拓宽企业的营利空间。一般来说，只有那些有相应能力的企业才能够成功地发起和主导实施生态链合伙制度。这些能力包括创收能力、资本运营能力以及系统管控能力。

创收能力，是指试图推行生态链合伙人制度的企业所提供的潜在营利机会，能够满足供应商或者客户以及其他的生态链内部人的生存与发展需要的能力。企业如果具备这种能力，那么可以主动发起实施生态链合伙人制度。

资本运营能力，是指企业有充足的资源能够使生态链得以运转的能力。发起人不仅要敢于大幅度地让利给生态链的合伙人，还要有能力保障生态链合伙人的利益。企业之所以愿意这么做，是因为它确信，只有大量地让利和投入成本，才能够迅速且精准地建立规模化的合伙链条。规模效应的力量是无穷的，生态链合伙制一旦产生规模效应，其效益是不可估算的，且可以填补投入的成本。因此，资本运营能力在一定程度上也是对企业胆识和智慧的考量。

系统管控能力，是指企业对生态链合伙人制度和机制的设计与控制能力。也就是说，推行生态链合伙人制的企业只有钱、有人是不够的，还需要有一套较为完善的体系，能通过设计相关的制度与配套的措施，降低合伙风险，为合伙事业保驾护航。这种体系体现为本书后面会讨论的合伙人制度的五大要件：①合伙人拥有统一的价值观与发展观；②对合伙人的选择和上升通道进行分层；③为合伙人设置恰当的股权激励方案；④不可或缺的绩效考核机制；⑤退伙机制。

当一家企业同时拥有上述三种能力时，就可以试图发起实施生态链合伙人制度。然而，尽管生态链合伙人制度存在着巨大的潜在商业价值，但是并非所有的企业都适合此种制度。一种制度或模式是否适合企业的发展，除了要考虑模式本身的特点，还要考虑企业的发展特点。

调查显示，在任何产业链中，只有少数企业可以发起和主导实施生态链合伙人制度，大多数企业只能成为生态链合伙事业的追随者或参与者。不能成为主导者并没有什么不好，只要能够根据企业的发展特点和阶段，融入一定的生态链中，就可以从合伙事业中获得超越传统商业模式带来的利益。

例如万科。万科除了实施事业合伙人模式外，还根据产业生态的发展理念，发展有条件的建筑商、服务商，使其以股份和非股份的方式，进入万科的合伙人体系，从而实现产业链的深度合作。可以说，万科的合伙人制度，基于共同理念和价值，以共同经营为底层逻辑，将内外部人才、内外部企业紧密地联系在了一起。

CHAPTER 03
第 三 章

合伙人制度的由来

2013年9月10日，阿里巴巴正式公开推出了在集团内试行的"合伙人制度"。阿里巴巴表示，"合伙人制度"将成为公司在企业治理和企业文化传承方面的核心举措之一。

其实早在阿里巴巴成立十周年之际，即2009年9月10日，18名创始人就纷纷辞去了创始人的身份，去寻求和尝试可能的制度创新。从2010年开始，阿里巴巴就在团队内部加强管理、试运行合伙人制度。三年后，阿里巴巴就已经产生了28位合伙人。这些合伙人是怎么选出来的呢？标准是什么呢？

对于这个问题，阿里巴巴表示合伙人必须在集团内工作五年以上，具备优秀的领导才能，高度认同集团的文化并且对集团的发展有积极贡献，愿意为集团文化和使命传承竭尽全力。

因为，阿里巴巴不是一个纯粹的利益集团，他们想要的也不是控制公司。他们想要的是利用良好的合伙机制以延续企业的使命、目标以及核心价值观，确保通过集团内不断地创新使得内部组织结构不断完善，以求在未来的市场上能够更加灵活，拥有更强的竞争力。

在他们的认知里，阿里巴巴所代表的不是某个或某群人。它是一个生态良好型的社会企业，而运营生态良好型的社会企业仅仅依靠管理流程是远远不够的，还需要不断地培育集团文化，升级集团制度。他们不需要关心控制集团的人是谁，但需要关注控制集团的合伙人是不是拥有坚守并继续传承阿里巴巴企业使命感和文化的创业合伙人，是不是支持开放、创新和促进、推广长期健康发展我国文化的创业合伙人。

3.1 内因

任何事物的发展核心点都在内部，内因才是推动事物发展的根本原因。一个企业要想发展，就需要有充足的人才做支撑。同时，企业的持续盈利能力也是举足轻重的。

3.1.1 效益停滞，缺乏新的增长点

▶ 【案例】

江苏某高新技术开发公司缺乏技术人才，导致效益停滞。为了解决人才不足的困境，公司决定在国内外挖掘经营人才，为自身使用。为此，公司为候选者提供较高的年薪。如此高的薪资使得公司招收了许多相关专业的人才。但同时，公司在人力上的投入成本在不断增加。

其实，许多企业在面对发展缺乏后劲的时候，第一反应是提高人才薪资或者投入大笔的资金用于寻找人才。这种通过增加用人成本来获取和保留人才的方法，从理论上讲并没有多大的问题。原因如下：第一，从高薪聘人的角度出发，如果人才引进使得企业的业绩有了明显的提升，那么毫无疑问这种投入是值得的。第二，提高的人才成本，如果能通过产品将成本转移到客户身上，这种方案也是可行的。第三，人才的引进或许可以给企业的发展带来新的增长点。许多企业到了发展后期就会缺乏新的业绩增长点，引进的人才可能会带来新的思路和想法。

但是现实中的情况并非如此理想。很多企业虽然用人成本在增加，但是劳动生产效率却没有因为人才的引进而提高，反而因成本的提高，效益大不如前。此外，由于企业间的竞争加剧，贸然提高产品价格的做法是十分危险的。随着商业经济和互联网经济的发展，大多数的消费者更注重性价比。如果产品更新了，但提高价格后失去了产品本身的性价比优势，那么即使产品更新，也会给企业带来损失。更令企业领导无奈的是，面对激烈的人才竞争环境，不增加用人成本支出，就不能获得和保留优秀人才。

3.1.2 留住人才的现实要求

随着知识经济的迅速发展，技术人才的重要性逐渐显现。当一个国家向发达的经济体迈进时，高劳动素质在企业发展过程中的作用明显提高。人才的素质越高，在企业的剩余价值分配与决策中，就应该越有话语权，如此，高薪酬的吸引力下降也是一个无可争议的现实。因此，无论是互联网企业还是传统企业，如何吸引和留住人才都是其事业成功的关键因素之一。特别是在网络等新兴产业中，人才资源是创造价值最活跃的要素，处于首位。大型企业将高潜力的员工发展为合伙人，以应付失去人才的情况；而创业企业更需要找到优秀的合伙人来实现企业的生存和突破。

3.2 外因

除了从内部找原因之外,外部因素也潜移默化地影响着企业发展。无论是市场经济以人才为中心的发展趋势,还是越发激烈的人才争夺战,或是职业经理人制度早已凸显的局限性,都为合伙人制度的发展创造条件,从企业外部促使了合伙人制度的发展。

3.2.1 市场经济以人才为中心的发展趋势

现代经济发展最突出的特点是以人才为导向。二十世纪八九十年代,我国的经济发展以劳动密集型企业为主,轻工业和重工业企业占据主要地位。随着经济发展水平的不断提高,员工的专业素质在企业发展中的作用不可小觑。高新技术、互联网等已经成为工作的重要组成部分,创新之路也已成为企业发展的必经之路。可以说,人才的专业高度决定着企业发展的高度,单一的授薪制已不适合新时代企业的发展。

3.2.2 人才争夺战越发激烈

除了拥有较强的综合实力这一要求之外,无论我们是否承认,企业之间的人才争夺战已经越发激烈。几乎所有的企业都在为自己的发展而吸引人才加入;几乎所有的企业,都在为留住自己企业的员工而花费心力。这种争夺的结果是大多数企业不得不提高用人成本以保住员工。

3.2.3 职业经理人制度的局限性

现行的职业经理人制度由于不能让管理者与公司共担风险而被社会认为存在较大局限性。众多的创业者对职业经理人制度提出质疑。他们认为该制度下的用人体系和制度建设值得商榷，该制度最大的问题就在于职业经理人对公司的事务是管盈利不管亏损的。也就是说，有福可以同享，若有风险或损失，则与职业经理人没什么太大的关系。

这种现象主要是分配系统的不完善导致的。在传统的分配机制下，工资是公司成本的一部分，公司收入扣除各项开支（包括工资）之后的利润就是公司可分利润。但是真正确定该公司是否有剩余以及剩余多少的经营人员，即所谓的职业经理人和中高层管理者，只能从余下的可分利润中得到较少的部分，这就导致创造剩余利润的人和分配剩余利润的人关系脱节。一旦出现脱节，职业经理人就会动力不足，且缺乏责任精神。而合伙制可以很好地弥补这个缺陷：实际管理人取代了股东，成为公司劣后受益者，从而产生了更强的动力来创造超过社会平均水平的收益。合伙制可以有效解决产生剩余与分配剩余之间的脱节问题，从而解决产权与经营之间的分离问题。

CHAPTER 04
第 四 章

合伙人制度案例评析

2020年，推行合伙人制度的企业已经不在少数。除了大型的上市公司及全国性企业之外，一些地方企业也加入了这波"潮流"。本章主要讲述两个大型企业的合伙人制度，从它们的发展历程剖析合伙人制度的特点。

4.1 华为的股权激励模式

从华为 2019 年的年度财务报告中可以看出,华为在 2019 年度的销售收入已经达到 8 588 亿元人民币,同比增长了 19.1%;全年净利润为 627 亿元人民币,同比增长 5.6%。其中,海外市场所占份额大约为 41%;公司研发人员累计约 9.6 万人,占公司人员总数的 49%;公司研发投入成本共 1 317 亿元人民币,近十年以来华为累计投入的研发成本已经超过 6 000 亿元人民币。2018 年,华为实现营业收入 7 212 亿元人民币,其中海外市场所占份额近 50%,净利润 593 亿元人民币;研发人员大约有 8 万多人,约占公司人员总数的 45%。截至 2018 年年底,累计取得专利授权 8 万多件。其中,90% 以上的专利是发明专利。取得如此的成就很不易,到底是什么成就了华为?

2012 年,任正非在华为公开的年报中这样说道:"水和空气是世界上最柔软的东西,但火箭是空气驱动的,燃料燃烧产生的高速气体通过一个叫拉法尔喷管的一个小孔扩散,产生巨大的推力,将火箭推向宇宙;在高压下从小孔喷出的水,可以切割钢板。可见出自一孔的力量也可以是巨大的。华为过去的考试侧重于共性而忽略了个性,不注意拉大适当的差距,挫伤了部分人努力的劲头,造成了许多杰出人才的流失。但我们,25 年来一直将目标集中在持续努力上,从未动摇,这样才取得了今天的成绩。这就是'力出一孔'的力量。同时,我们坚持'利出一孔'的原则。我们所有骨干的全部收入,只能源于华为的工资、奖励、分红和其他公司的收入,不允许有额外收入。这从组织、制度上堵住了个人从最高级到执行层谋取私利的漏洞,避免了通过联系交易'孔'掏空集体利益的情况出现。"

"力出一孔"代表华为实行业务聚焦战略,"利出一孔"则代表华为实行的绩效激励理念。这也正好对应华为的成功法则:方向大致正确和组织充满活力。这也许就是华为成功之所在。

华为发展的这些年,从到处摸索转变到定向销售,从代理销售转变到自主研发,从工资全额发转变到工资和股权组合发。1990年—1995年,正是华为立足的时候,这期间,华为虽然产销两旺,但是面临着资金短缺和人才流失的双重困境。为了积累资金,把有限的资源投入产品升级和市场转变等战略布局中,华为在银行借款受阻的情况下不得已实行工资减半发,剩下部分转化为股份,年底分红,持续滚动进行的策略。高额股份分红为华为留住了人才。正可谓无心插柳柳成荫,这种迫于无奈的做法竟然为华为日后全员持股、高分红激励、以奋斗者为本的合伙人模式奠定了基础,也成为华为在不通过外部资本市场和债券市场融资的情况下,通过自身的滚动积累进行内部融资,以支持企业发展的特色之路。

2016年9月27日,时任华为常务董事、首席财政官的孟晚舟在清华大学礼堂代表华为发表了一次校园招聘演讲。她说华为能够持续发展的最重要的一个原因就是以客户为中心,这也是华为存在的理由。同时,华为长期坚持艰苦奋斗的精神,拒绝机会主义,坚持将创新放在企业发展的前端,始终聚焦管道战略。

从华为2019年的年报来看,华为每年都坚持将10%以上的销售收入投入公司新产品的研究与开发之中。以2019年的数据为例,从事研究与开发的人员约9.6万人,约占公司总人数的49%;研发费用支出共计1 317亿元人民币。华为近十年累计投入的研发费用超过6 000亿元人民币。也就是说,华为一直在用今天的钱,提升明天的能力。

除此之外,孟晚舟认为要想建立一套优秀的人才体系,就要打开组织的边界。人才要跨越专业边界,以推动人才的生态循环与良性流动,主要就是通过有序的专业人才流动,跨岗位的转换,培养"之"字形的人才,以面向未来。华为干部的选拔没有年龄、资历标准，完全以其对公司的贡献为考核标准。按价值定薪——能人的年薪是不封顶的。简言之，你有多大的能力与潜力，华为会就给你多少的报酬。

孟晚舟除了提到价值理念这一成功企业必不可缺少的因素外，还提到了合作伙伴制度。"人人皆是合作伙伴""个体英雄和群体英雄之交响曲""重视人才"等都显示了合伙人制度的卓越性。华为提出全员持有公司股票，让所有公司员工都只从合规利润中获益，共享成绩的同时共担风险，做到了"利出一孔"。

华为合伙人制度下的员工持股一直是合伙人制度的倡导者引用的案例。这并非因为华为比其他的企业做得好，而是因为华为取得的成就令全世界的企业羡慕。由于思维定式，人们一般会想当然地认为华为之所以这么成功，都是因为其对员工实行股权激励。

华为在员工持股激励方面的经验，从总体上来说是值得大多数企业学习的。但事实上，华为也有很多值得引以为戒的教训。我们只有充分了解华为的员工持股模式，才能取其精华，弃其糟粕，制定最适合自己企业发展的合伙人制度。

4.1.1 华为股权激励模式的四个阶段

华为的股权激励模式经历了三次重大的变化，产生这些变化的根本原因就是当时的华为已不适合采用当时的激励制度。但是，每一次新的变化都可能在解决老问题的同时出现新问题。华为的股权激励计划开始于1990年，至今华为已经历了几次大型股权激励计划改革。

一、第一阶段：员工持实股

初创期的华为由于扩张市场、拓大规模投入了不少资金，而在发展过程中，为了保持竞争力，也支出了大量的科研费用，因此出现了融资难的问题。在这样的背景下，华为根据企业该阶段发展的特点，选择了内部融资。这主要是因为内部融资无须向员工支付利息，与外部融资相比，财务压力小些，不仅不需要支付额外的利息，同时还可以鼓励员工积极努力，提高工作效率。于是在1990年，华为首次提出了向内部员工分股的计划。

员工首次参股价格基本上是每股10元，以税后营业利润的15%作为分红。那时候华为员工的工资主要由三部分组成：基本工资、奖金和公司股票分红。持有的股数是根据公司员工在入职一年后的基本工作、季度成绩和公司任职人员资格等多种因素决定的，一般来说是员工的年度工作奖金。如果年度奖金不足，那么公司将帮助员工获得银行贷款，从而获得公司股权。

华为采用这种融资手段，在一定程度上减少了内部现金流风险，也大大增强了公司员工的归属感，稳定了创业人才队伍。在这一发展阶段，华为的全球销售额已经达到了15亿元人民币，并将市场范围扩展到了我国的一线城市，并在斯德哥尔摩建立了一个研发制造中心，海外各个市场的年均销售额也达到了1亿美元。

二、第二阶段：虚拟股权制

2000年，泡沫经济持续发酵。为了解决当下的困境，华为开始进行期权改革，即推出"虚拟受限股"。这种受限股是公司推出的面向员工等激励对象的一种虚拟股票，持有者并不因此享有所有权和表决权，仅可以获得红利和升值权，该虚拟股票不能转让或者出售，也会因为员工的离职而自动失效。这种股权的发行稳定了华为管理层控制公司的能力，不会引发一系列管理问题。

同时，除了虚拟受限股政策，华为还陆续实行了一些员工股权激励政策。比如对新加入的员工不再强制发放一元的股票，老员工的股票也逐渐转化为期权。

员工所获得的收益不再只是固定资产分红,还包括期权的增值部分。

推进股权激励改革,是华为从"普惠"的经营转变为重点投资激励的一个过程。

三、第三阶段:降薪维稳与饱和配股

2003年,还没有真正挺过泡沫经济危机的华为又因SARS病毒乱了阵脚。在这种情况下,集资是行不通的。于是华为改变战略,呼吁内部员工"自愿降薪",帮助公司渡过难关。与此同时,华为还针对管理层实施了股权激励计划。但华为这次的配股和之前用的配股方法有很大的不同。在配股额上创造了新高,平均数值接近雇员已有的股票总和。这次配股主要倾斜于公司核心层,骨干员工获得的配股额要远远高于普通员工。

此次配股设置了3年的锁定期,并且在3年之内股权不能再次兑现。如果3年内员工被动离开公司,则其此次配股视为无效。

2008年,华为又推出了新一轮的股权激励措施——饱和配股。饱和配股,即规定不同级别员工的持股量上限,这样,不同级别的员工所持股量差距不大。比如级别为13级的员工持股上限为2万股,级别为14级的员工持股上限为5万股,由于大部分华为总部的老员工持股数量已达到其级别持股量的上限,并没有参与本次配股。

四、第四阶段:TUP

用物质置换劳动的兑现方式从时间上可以分为两种:一种是即刻兑现,另一种是延期兑现。一般情况下,劳动方式越简单,即刻兑现就越容易实现,如手工业者、操作员的计时或计件薪资等。劳动方式越复杂,其兑现物质的时间就越长,大多数人需要以短期和中长期不同的工作方式来置换总报酬,如产品科学家、艺术家、设计师、高级产品经理等。

TUP，全称为 Time Unit Plan，即时间单位计划，属于中长期的激励方式，接近分期支付。这种方式的特点在于：先给予一种获得收益的机会，但是这种收益要在未来的 n 年里逐步实现。

华为的基本模式是：假设 2019 年为你配置了 1 万股，当期价值为每股 4 元，规定该年度（第一年）不分红；2020 年（次年）可获得 10 000 股分红权全部收益的 1/3；2021 年（第 3 年）可获得 10 000 股分红权全部收益的 2/3；2022 年（第 4 年）可以获得 10 000 股分红权的全部收益；2023 年（第 5 年）在获得全额分红的同时，还对持有 5 年的股票价值进行分析结算。如果第 5 年的平均股票价值能提升至 6 元，则第 5 年所持股票的回报为：2023 年股票的全部分红 +10 000×（6-4），同时清零这 10 000 股。

TUP 在国际上是非常成熟的，但是分析华为长期激励计划的执行效果就会发现：实施 TUP 只是一个表象，其背后确实另有玄机。

从 TUP 的短期和长期价值看，华为激励方式的转变还没有结束。因为 TUP 是一种简单的现金延期激励，没有法律障碍。从短期来看，TUP 的实施可以使得不同地区、不同国籍、不同人员的激励方式统一；同时，也更好地解决了工作时间不满 5 年的员工激励不足的问题。从中长期来看，TUP 实施范围和强度的逐渐扩大，会导致虚拟受限股收益比重的降低。这种比例的倾斜，会使得对公司价值主要创造者的物质激励超过对食利者的物质激励，从而逐渐纠正原激励计划实行时间过长导致的过于强调历史性贡献的不合理一面。

但是值得注意的是，华为的 TUP 与当下的合伙人制度是不一致的。TUP 或许可以解决企业中员工"未老先富"的问题，但却会因此伤害建立的合伙人制度。另外，华为的员工持股制度除了给华为带来成功之外，也带来了新的问题。

首先，一些受益于虚拟股权制的老员工因财富的持续增长丧失了奋斗精神。

其次，华为为了让员工可以买得起虚拟股份而联合多家金融机构对员工放贷的行为违规了。

最后,华为内部员工拥有的股份份额高、工会持股问题成为华为难以在A股上市的一个重点。

华为文化是以奖励努力者为基础的,具体表现就是员工有自己的股份,数万名员工集体持有股份从根本上决定了华为的利益分配形式。持股形式可能会变,但员工作为公司成长过程中动力来源和核心价值的载体,其持有的股份在未来一般是不会有根本性变化的,除非华为不再是最初和现在的华为。

从华为的经验我们不难发现,要想让合伙人制度发挥作用,要注意以下几点。

第一,创始人要有颗把企业做强、做大的心。这不仅能促使创始人不轻易放弃、拼尽所有努力,而且可以树立高大的个人形象。一个勇敢的、有理想的领袖能带动员工共同进步,一起前行。员工只有充分认可领袖,才愿意持有公司股份。更确切地说,合作伙伴必须拥有统一的价值观和发展理念,统一的价值观和发展理念可以使企业走得更远。

第二,对合伙人的选择和升迁通道进行分层。从华为股权激励的四个阶段可以看出,员工持股不是不同员工持相同股数,而是分批次、分等级持股,按比例分配额度。并非所有人都能成为企业的合伙人,对合伙人的选择是一门重要的学问:合伙人选择得好,会为企业添加色彩;选择得不好,将成为企业发展的阻碍。

第三,为合伙人设置恰当的股权激励模式。这一点的关键词在于"恰当"。没有哪一种模式一直适用于企业。随着经济的发展、商业模式的转变,相应的股权激励模式也必须做出改变。此时,创始人或者企业的核心人物拥有足够的敏感度就显得尤为重要。合伙人制度的弊端之一在于滞后性。因此,要想让合伙人制度为自己所用,就要有发现问题的能力。华为调整员工持股模式,正是因为当时的模式不再适用。一味地求稳只会适得其反。在恰当的时候,稳、准、狠地对制度做出调整,也是一种智慧。

第四，不可或缺的绩效评估以及退出机制。一项制度是否适合企业发展，是否能为企业注入活力，光靠创始人的"感知能力"是不够的。做好绩效评估，可以在一定程度上弥补合伙人制度滞后的缺点。退出机制，也有利于大家可以"好散"。

4.1.2 公司设置股权激励计划的五大步骤

既然股权激励可以在华为发展得这么好，那么一家公司若想制订一套股权激励计划，应该怎么做呢？

一、第一步

确定实施股权激励计划的主要目的。公司性质、规模、发展阶段，都有可能影响设置股权激励计划的目的。有的是为了留住人才；有的则是为了提高员工的工作积极性，从而提高员工工作效率。针对不同的目的应该设置不同的方案。为了保留公司现有业务骨干，可采用限制性股权的方式；为了调动员工的积极性，则可以采用期权的方式；如果为了表达对老员工的感谢，则可以通过虚拟股的方式来实现。因此，要想使股权激励计划适合于公司现阶段的发展，要以目的为导向。

二、第二步

设置配套的股权激励计划管理制度。通常在制订股权激励计划时，会制订一系列管理制度。这些管理制度包括但不限于股权激励计划的调整机制、修订机制、终止机制等。之所以设置配套的机制，是因为许多公司实施股权激励计划时，都会遇到各种各样的问题。其中，常见的是股权争夺和合伙人如何退出的问题。没有股权激励计划管理制度，股权激励计划会变得僵化，最终失败。

三、第三步

确定实施股权激励计划的时间。需确定的时间包括但不限于授予股权期、等待期、有效日、可行权期和禁售时间等。通常情况下，股权授予日与行权日之间不得少于1年，并且分3～5年进行授权。如何让被激励者在一段时间内平稳、均匀地行权，是制订股权激励计划时应该慎重考虑的一个问题。过快行权，股权激励计划不能起到长期激励的作用；过慢行权，股权激励计划对激励目标的作用会减弱。同时，还应该考虑应该在什么时候开始实行股权激励计划，是在初创期、发展期，还是在成熟期？不同阶段的方案是不一样的。因此，要确定实施股权激励计划的时间。

四、第四步

确定激励对象。通常，在设计股权激励计划的时候，会有一套确定激励对象的方案。激励对象包括核心员工、中高层管理者以及普通员工。核心员工通常需要由公司认定；对于中高层管理者，则应当有工作年限及创收数额的要求。确定了激励对象后，要做的就是设置绩效考评制度，为实施股权激励计划设计配套措施。

五、第五步

确定激励份额和资金来源。一般公司股权激励总额不应超过公司全部股权的10%，单个激励对象持有的公司股权不应超过1%。至于资金来源，则应考虑激励对象的购买能力，否则激励计划不能执行。

4.1.3 如何制作股权激励计划

一般来说，股权激励计划的文本主要包括：目录、释义、激励计划的目的、基本原则、管理机构和激励对象确定的依据及范围、激励计划具体的内容、授权日、等待日、可行权日、行权安排、价格、可行性、权利义务及其他内容。笔者有幸参与过几次企业股权激励计划的设计过程，在此，为各位读者提供两种股权激励计划的文本模式。

以下第一款为股票期权的形式，第二款为限制性股权的形式。这两种方式并没有固定的模式，以下形式仅供各位参考。

<h2 style="text-align:center">×××有限公司股权激励计划（股票期权）</h2>

<h3 style="text-align:center">目录</h3>

一、股权激励计划的目的

二、股权激励计划的基本原则

三、股权激励计划的管理机构

四、激励对象的确定依据和范围

（一）激励对象的确定依据

（二）激励对象的范围

（三）激励对象名单与股票期权分配情况

五、股权激励计划的具体内容

（一）股权激励计划的股份来源

（二）股权激励计划的股票期权数量

六、股权激励计划的有效期、授权日、等待期、可行权日、行权安排

（一）有效期

（二）授权日

（三）等待期

（四）可行权日

（五）行权安排

七、股权激励计划的行权价格

八、股票期权的授予与行权条件

（一）股票期权的授予条件

（二）股票期权的行权条件

九、股权激励计划的实施、授予、行权及变更、终止程序

（一）股权激励计划的实施程序

（二）股票期权的授予程序

（三）股票期权的行权程序

（四）股权激励计划的终止程序

十、公司与激励对象的权利与义务

（一）公司的权利与义务

（二）激励对象的权利与义务

（三）其他说明

十一、公司、激励对象发生异动的处理

（一）公司发生异动的处理

（二）激励对象个人情况变化的处理

十二、附则

释 义

除非另有说明，相关简称在本文的含义如表 4-1 所示。

表 4-1 相关简称的含义（股票期权）

简称	含义
公司	×××× 有限公司
股东会	×××× 有限公司股东会
董事会	×××× 有限公司董事会
监事会	×××× 有限公司监事会
股权激励计划 / 本计划 / 激励计划	×××× 有限公司股东会审议通过的《股权激励计划》
激励对象 / 授予对象	本股权激励计划规定的被授予公司股票期权的公司员工
股票期权	公司授予激励对象在未来一定期限内以预先确定的条件购买本公司一定数量股份的权利
授权日	公司向激励对象授予股票期权的日期
行权	激励对象根据本股权激励计划，在规定的行权期内以预先确定的价格和条件购买公司股票的行为
可行权日	激励对象可以开始行权的日期
等待期	股票期权授权日至股票期权各批次可行权日之间的期间
行权期	股权激励计划规定的行权条件成立后，激励对象持有的股票期权可以行权的期间
《公司法》	《中华人民共和国公司法》
《公司章程》	《×××× 有限公司章程》
人民币	中国法定货币人民币，除非特指，本计划涉及的金额均指人民币
年，月，日	日历年度、月度、自然日

一、股权激励计划的目的

妙招 1。

通常来说，合伙人实施股权激励计划的目的是激励人才和留住人才。因此在计划书的目的中，要明确说明此次激励计划的目的。这样做一是为了让潜在的激励对象有所期待,推动符合条件的员工积极争取;二是为本次激励计划定基调。在表达目的时,要将公司的发展目的与员工的追求相结合,营造一种共同成长的感觉。具体如下。

为了有效吸引、培养和留住优秀的技术人才,充分发挥公司高级管理者、核心技术人员的工作积极性、责任感和社会使命,实现公司利益与个人利益相结合,促使全体员工共同关注企业的长期健康发展,推动企业可持续盈利,根据《公司法》和《公司章程》以及相关法律法规,制订了本公司股权激励计划。

二、股权激励计划的基本原则

妙招2。

如果说激励计划的目的是定基调,那么基本原则就是提前与激励对象"约法三章"。具体如下。

要明确基本原则,需要考虑以下三点:(1)思考法律的边界。股权激励计划必须在法律法规的允许范围内,违法乱纪的计划即使符合激励对象与公司的意志,也是无效的。(2)尊重员工的自由意志。股权激励是一件好事,可是强迫员工参加该计划,就与实施本次计划的初心(激励、留住人才)相违背,所以要以充分尊重员工的自由意志为基础。(3)提示风险。投资有风险,参与需谨慎。入股所在公司也不是万无一失的,因此,应提前对入股风险进行提示。具体如下。

①依法合规原则。

公司实行股权激励计划,应严格遵守法律和行政法规,真实、精确、完整和及时地进行信息披露,履行股权激励计划。

②自愿参与原则。

公司实施股权激励计划应遵从公司自主决定、员工自愿参加的原则,公司不能以全额摊派、强制比例分配的方式强制员工参加股权激励计划。

③风险自担原则。

激励对象自负盈亏，自担风险。

三、股权激励计划的管理机构

妙招3。

通常股权激励计划的管理机构要根据《公司法》的规定来进行约定，且公司不违反我国法律的相关规定。具体如下。

（1）公司股东会作为公司的最高权力机构，负责审议批准本股权激励计划的实施、变更和终止。

（2）公司董事会是本股权激励计划的执行管理机构，负责研究制订和组织修改本股权激励计划，报公司股东会审批和主管部门审核，并在股东会授权范围内负责有关本公司股权激励计划的实施。

（3）公司监事会是本股权激励计划的监督机构，负责审核激励对象的成员名单，并对本股权激励计划的实施是否符合相关法律、行政法规、规范性文件等规定进行监督。

四、激励对象的确定依据和范围

妙招4。

激励对象的选择是股权激励计划中较为重要的一步。因为让哪些员工成为合伙人有时会决定该激励计划是否能成功。无论成功与否，都要提前确定选择激励对象的依据和范围。对于依据和范围的确定，要考虑以下两点：（1）公司的发展阶段和发展模式决定公司的中流砥柱是哪些人。比如科技公司要注重技术人才，教育公司要注重员工的学历以及授课经验，娱乐公司要注重员工的流量和才能等。这些核心员工和高技术人才，一般来说是公司首先要考虑的，公司其次要考虑的是为公司做出过巨大贡献的老员工。（2）想要获得激励资格是有条件的，且大部分人应该无法满足该条件。如果股权激励计划订立的条件和标准是绝大多数员工都可以满足的，那这就是一份失败的激励计划（除了全员持股）。具体如下。

（一）激励对象的确定依据

本股权激励计划的激励对象系根据《公司法》等有关法律法规以及《公司章程》的相关规定，结合公司实际情况而确定的。

（二）激励对象的范围

本股权激励计划的激励对象应当符合以下条件之一：

1. 担任公司高级管理人员；

2. 担任公司及子公司高层管理人员、核心员工；

3. 所有的激励对象必须在本股权激励计划所规定的等待期和行权期内在本公司任职并获得报酬、签署劳动合同。

（三）激励对象名单与股票期权分配情况

略。

五、股权激励计划的具体内容

妙招5。

股权激励计划书的具体内容一定要全面，因为计划书的修改程序极其烦琐。在具体内容里，应该确定激励计划的股份来源、数量：是定向增发还是股权转让。在非上市公司中，定向增发一般是指公司向确定的、有限数目的机构或个人投资者发行股份的行为。定向增发下，股票的发行价格由双方确定。具体如下。

（一）股权激励计划的股份来源

定向增发。

（二）股权激励计划的股票期权数量

本股权激励计划拟授予的股权份额不超过 × 万份股票期权，涉及的激励标的期权股份为 × 万股，占本股权激励计划公告日公司股本总额 × 万股的 ×%。在行权条件成就的前提下，激励对象获授的每一份股票期权拥有在可行权日以行权价格购买 1 股公司股票的权利。若激励对象不在规定的时间内行权，则视为放弃本次激励股份。激励对象获授的股票期权不得转让、用于担保或偿还债务。

六、股权激励计划的有效期、授权日、等待期、可行权日、行权安排

（一）有效期

本股权激励计划的有效期为自股票期权授予激励对象之日起至所有股票期权行权完毕或者失效之日止，最长为 60 个月。

（二）授权日

本股权激励计划经股东会审议通过后，公司与激励对象签订《股票期权授予协议书》，协议书生效日为期权授予日。

（三）等待期

激励对象获授的各批次股票期权适用不同的等待期，分别为自授权日起 12 个月、24 个月、36 个月、48 个月。

（四）可行权日

本股权激励计划授予的股票期权自等待期满后可以开始行权。

（五）行权安排

在可行权日内，若达到本股权激励计划规定的行权条件，激励对象应在自股票期权授权日起满 12 个月后的 48 个月内分四期行权，具体行权安排如下。

第一个行权期：自授权日起 12 个月后的首个交易日起至授权日起 24 个月内的最后一个交易日当日止。行权比例为 25%。

第二个行权期：自授权日起 24 个月后的首个交易日起至授权日起 36 个月内的最后一个交易日当日止。行权比例为 25%。

第三个行权期：自授权日起 36 个月后的首个交易日起至授权日起 48 个月内的最后一个交易日当日止。行权比例为 25%。

第四个行权期：自授权日起 48 个月后的首个交易日起至授权日起 60 个月内的最后一个交易日当日止。行权比例为 25%。

激励对象必须在行权期内行权完毕。若达不到行权条件，则当期股票期权不得行权。若符合行权条件，但未在上述行权期全部行权的该部分股票期权由公司注销。

七、股权激励计划的行权价格

妙招 6。

股权激励计划的行权价格是根据公司综合经营发展状况、资产增值状态、激励对象在本公司经营中的主要贡献以及激励效果等多种因素综合计算确定的。因此在确定该价格时，应对公司现有的上述数据进行统计，然后再进行确认。具体如下。

本股权激励计划的股票期权行权价格为 × 元 / 股。

八、股票期权的授予与行权条件

妙招 7。

行权条件的设置是非常重要的，前面提到过：如果条件过高，那么符合条件的激励对象就会很少，激励效果不明显；如果条件过低，那么大多数员工都可以满足，就无法显现激励的好处，也就是所谓的"都涨工资等于没涨工资"，这种比较心理会使大家的被激励感降低，激励同样达不到效果。因此在设置行权条件时，要充分调取公司近 3 年的营业记录，评估在未来的 3～5 年有多少人可以满足某种条件，再根据公司激励的数额调整该条件。比如公司有100人，经研究发现在3～5年内有60人可以达到行权条件，则应该上调行权标准，一般以20%～30%的员工可以达到行权条件为宜。具体如下。

（一）股票期权的授予条件

激励对象只有在同时满足下列条件时，才能获授股票期权。

1. 公司未发生以下任一情形。

（1）最近一个会计年度财务会计报告被注册会计师出具否定意见或者无法表示意见的审计报告。

（2）最近一个会计年度财务会计报告内部控制被注册会计师出具否定意见或无法表示意见的审计报告。

（3）法律法规规定不得实行股权激励的。

2. 激励对象未发生以下任一情形。

（1）具有《公司法》规定的不得担任公司董事、高级管理人员情形的。

（2）法律法规规定不得参与股权激励的。

（二）股票期权的行权条件

1. 考核指标。

对于本股权激励计划所授予的股票期权，公司设置公司业绩指标和个人绩效指标作为考核指标，具体如下。

（1）公司业绩指标。

公司各年度业绩考核指标如下。

第一个行权期：净利润不低于×万元。

第二个行权期：以2×20年营业收入为基数，2×21年营业收入增长率不低于×%。

第三个行权期：以2×21年营业收入为基数，2×22年营业收入增长率不低于×%。

第四个行权期：以2×22年营业收入为基数，2×23年营业收入增长率不低于×%。

注意，以上"净利润"指公司经审计的合并报表的净利润，且不考虑股权激励计划产生的股份支付费用对净利润的影响；"营业收入"指公司经审计的合并报表的营业收入。

（2）个人绩效指标。

激励对象在等待期内及行权时须持续在岗，且没有出现以下情形。

①严重违反公司管理制度，或给公司造成巨大经济损失，或给公司造成严重消极影响，受到公司行政处分的。

②自行辞职，或因个人原因被公司解除劳动合同的。

③行权期上一年度，激励对象按照公司内部规定参与个人绩效考核，绩效考核不合格的。

④存在不得成为激励对象的情形。

2.考核指标与可行权比例的关系。

（1）如激励对象符合个人绩效指标，则公司按照各年度业绩考核指标达成情况计算各期股票期权的行权比例，确定方法如下。

第一个行权期的行权标准为完成所设置的净利润指标。如完成所设置的净利润指标，则激励对象所持当期股票期权可全部行权；如未完成所设置的净利润指标，则激励对象所持当期股票期权不得行权。

第二个行权期、第三个行权期、第四个行权期的行权标准如下。

①如公司相应考核年度的营业收入增长率未达到×%，则该行权期内激励对象所持股票期权均不得行权，由公司注销。

②如公司相应考核年度的营业收入增长率已达到或者超过×%，则按照实

际营业收入增长率的完成比例确定可行权比例，从而确定激励对象各期可行权的股票期权数量，具体计算公式如下。

可行权比例＝实际营业收入增长率÷Y%×100%（当可行权比例≥100%时，可行权比例为100%）

当期可行权的股票期权数量＝已获授股票期权数量×Y%×可行权比例

（2）如激励对象不符合个人绩效指标，则激励对象所持当期股票期权不得行权。

3. 如行权期上一年度绩效考核指标未达成，激励对象对应行权期内的股票期权作废，由公司注销。

4. 绩效评估指标的科学及合理性。

本次股权激励计划的绩效评估指标分为公司的业绩评估和个人的绩效评估两个方面，符合《公司章程》的规定。为了实现企业的战略目标，公司将通过有效的股权激励计划充分鼓励公司的管理者和核心骨干。经过合理预测，本股权激励计划将合并报表的营业收入和合并报告中净利润选为公司的业绩评估指标，该指标可以反映公司的主营经济状况和盈利能力。除了公司方面的业绩评估外，公司还为激励对象设立了严格的绩效评估制度，能够更准确地对激励对象进行工作成绩评估，更全面地进行综合的评估。公司根据对激励对象的前一年绩效评估结果来确定其是否符合行权条件，以及其具体行权量。

综上所述，本次股权激励计划考核制度全面、综合和可操作，不仅对激励对象起到积极的作用，促进公司核心队伍的建立，还对激励对象起到了良好的约束作用，为公司未来的经营策略和目标实现提供坚实的保障。

九、股权激励计划的实施、授予、行权及变更、终止程序

妙招8。

股权激励计划应该有始有终,在设置计划书时不仅要考虑发展顺利的情况,还要考虑激励对象因各种情形退出激励计划的情况,从而做好防护措施,最大限度地降低激励对象的退出给公司或其他员工造成的损失。具体如下。

(一)股权激励计划的实施程序

1. 公司董事会主要负责提名激励对象人选,制订股权激励计划的具体草案,并就该具体草案内容做出最终决定。

2. 经公司董事会投票审议后,向公司全体员工公布获得激励的人员名单,公示期不得少于10天。公司的监事会成员应充分重视听取员工及激励对象的意见,在信息公布后及时审核人员名单。同时对制订股权激励计划是否有利于公司的业务持续健康发展,是否对公司全体股东利益存在明显的不利影响及时发表意见。公司独立董事(如有)也应当就上述相关问题及时发表自己的意见。

3. 公司股东会审议股权激励计划并作出决议。

4. 根据股东会的决议和授权,董事会决定实施本次股票交易期权、授权和注销的相关事项。

(二)股票期权的授予程序

1. 在股东会审议通过股权激励计划之后,公司应及时对符合条件的激励对象进行授予。

2. 在向股权激励对象发放所有权益之前,董事会应当审议激励对象是否具备获得授权、行使权益等相关条件,独立董事(如有)、监事会对此发表明确的指导意见。

3. 公司与激励对象签署《股票期权授予协议书》等文件,约定双方的权利与义务。

(三)股票期权的行权程序

1. 激励对象在可行权日内,向公司提交《股票期权行权申请书》,提出行权申请。《股票期权行权申请书》应载明期权持有者信息、行权数量及行权价格。

2. 激励对象行使权益前，董事会对申请人的行权资格与行权数额审查确认，并就股权激励计划设定的激励对象行使权益的条件是否成立进行审议，独立董事（如有）、监事会对此发表明确意见。

3. 激励对象的行权申请经董事会确认并交付相应的行权款项后，公司将按申请行权数量向激励对象定向发行股票。

（四）股权激励计划的终止程序

公司在股东会审议股权激励计划之前拟终止实施股权激励的，需经董事会审议通过。公司在股东会审议通过股权激励计划之后终止实施股权激励计划的，应当由股东会审议决定。

十、公司与激励对象的权利与义务

妙招9。

股权激励计划书还有另一个作用，即防范风险。

一份周密、严谨的计划书可以避免很多法律风险。因此在权利与义务这一部分，要充分地明确双方的权利和义务，并对激励对象进行提示、说明。具体如下：

（一）公司的权利与义务

1. 公司拥有对该股权激励计划的解释权和执行权，有权对该激励对象进行绩效评估，并监督和审查该激励对象是否具备资格。

2. 公司有权要求激励对象根据其所聘职位的要求为公司工作，如果激励对象无法胜任其所聘职位或考核不合格，或激励对象因违反法律、违反职业道德、泄露公司机密、违反公司规章制度、失职或渎职等行为而严重损害公司利益或声誉，经公司董事会批准，激励对象还没有行权的股票期权被取消，由公司将其注销。

3.根据国家税务总局有关政策的规定,由公司按其规定代扣代缴激励对象应缴纳的个人所得税及其他税费。

4.公司明确承诺,不为任何激励对象提供根据本公司股权激励计划获得股票期权和行权的任何贷款,以及任何其他各种形式(如股权、金融服务等)的财务资助,包括不为其贷款提供担保。

5.国家法律、行政法规及本股权激励计划规定的其他相关权利与义务。

(二)激励对象的权利与义务

1.激励对象应当按照法人公司或下属子公司的有关工作纪律要求,勤勤恳恳、尽职尽责、恪守自己的基本职业道德,为促进公司持续发展壮大做出自己应有的贡献。

2.激励对象应当按照本股权激励计划的规定行权并支付行权款项。

3.激励对象应保证其行权资金源于自筹的资金。

4.在期权等待期间,激励对象所获得的公司股票期权不能转让、不得作为担保或用于清偿债务。激励对象所持有的公司股票期权,在行权之前不具有任何投票权和代表权,也不能参与分配持有股票期权红利和分配股息。

5.由于加入股权激励计划而持有本公司股权所获得的利润,激励对象应按照国家税收法律法规的有关规定,缴纳相应个人所得税和其他相关税款。

6.公司激励对象必须严格遵守公司或其子公司的相关股东会、董事会的决定,不得从事对公司或其子公司及其相关股东会的利益安全造成直接损害或有可能对其造成伤害的违法行为。

7.激励对象本人必须全职在用人公司或其子公司进行工作,不得与其他任何用人单位签订建立任何劳动关系协议,任职期间本人不得直接或者间接地从事相同、相似或其他具有直接竞争关系的资产投资、经营管理活动。

8. 在行使权益后离职的激励对象，在离职两年内不得从事类似于公司或其子公司主营业务的相关工作。如有违反，公司有权要求激励对象向公司返还因本股权激励计划而获得的全部利润，并承担与本股权激励计划收益相同的违约金；如果激励对象个人对公司造成损失，则公司有权依法追偿。

9. 激励对象承诺，如果公司的信息披露文件存在虚假记录、误导性陈述或重大漏洞，导致与授予权益的安排不符，激励对象应自确认相关信息披露文件有虚假记录、误导性陈述或重大漏洞后，将因该股权激励计划而获得的所有利益归还公司。

10. 如果激励对象因为过错而直接损害公司或其子公司的经济利益，则激励对象应负责赔偿本人造成的全部经济损失。

11. 激励对象应当遵守法律、法规、《公司章程》以及其他法律文件规定的其他义务。

（三）其他说明

本股权激励计划在经公司董事会审议后，公司将分别与激励对象签署《股票期权授予协议书》，约定在本股权激励计划项下双方的权利、义务和其他有关事宜。公司确定了本股权激励计划的激励对象，但不承诺给予员工一定的雇佣期。公司依然根据与激励人员签订的劳动合同，确定对员工雇佣的关系。

十一、公司、激励对象发生异动的处理

妙招10。

具体内容同妙招8。

（一）公司发生异动的处理

1. 如果公司股权发生下列各种情况之一，本公司股权激励计划将终止执行，激励对象根据该公司股权激励计划已获得但尚未行权的公司股票期权，由该公司注销。

（1）注册会计师对最近一个会计年度的财务会计报告出具否定意见或者无法表示意见。

（2）注册会计师对最近一个会计年度的财务会计报告内部控制出具否定意见或者无法表示意见。

（3）法律法规中规定不得实行股权激励的情况。

2. 公司发生合并、分立等情形。

当公司出现任何合并、分立等特殊情况时，由公司董事会在自公司出现任何合并、分立等特殊情况之日起5个交易日内，决定是否终止实施本公司股权激励计划。

3. 公司控制权发生变更。

公司的实际控制权发生变更时，公司的董事会可以在自本公司的实际控制权发生变更之日起5个交易日内，决定是否终止本公司股权激励计划的继续实施。

4. 由于有关本公司股权激励计划的相关信息披露报告文件中可能存在虚假记录、误导性陈述或重大漏洞，出现不符合股票期权授予条件或行权安排的，未行权的股票期权由公司注销；激励对象在获授股票期权中已行权的，所有的激励对象都应该将通过公司股权激励计划获得的所有经济利益归还给公司。

对上述事务不负有责任的激励对象，因返回利益而受到损失的，可按本股权激励计划有关安排，向公司或责任对象进行追偿。董事会应根据前款规定及本股权激励计划有关安排，收回激励对象所得的利益。

（二）激励对象个人情况变化的处理

1. 激励对象发生职务变更。

（1）激励对象的职务发生变化，但仍然在公司或子公司任职（包括提升或平级调整），其已获得的股权期权，仍然遵循本股权激励计划的程序；如果出现降职或免职，则其已被授予并获准行权但未行权和已行权的部分不做处理，已获授但尚未获准行权的股票期权，由董事会根据降职或免职后的相应额度进行调整，原授予的股票期权数目与调整之差额由公司注销。

（2）如果激励对象担任公司监事或独立董事，或其他无法持有公司股票的职务，则其已获授并已获准行权但未行权，以及已行权股票不做处理，而已获授但尚未获准行权的股票期权则不能继续行使，由公司注销。

（3）激励对象触犯法律、违反职业道德、泄露公司机密、失职或渎职等行为损害公司利益或声誉，导致职位变更，或由此导致企业与其解除劳动关系的：对于已行权但未转让以及已授予并获准行权的股份，由公司零对价进行回购，注销；对于已经正式行权并转让过的股份，公司有权依法要求该激励对象及时返还其因本公司股权激励计划而获得的全部期权利润；已获授但尚未获准行权的股票期权则不得行权且由公司注销。如上述激励对象本人的行为造成公司损失，公司有权根据国家相关法律法规要求上述激励对象予以经济赔偿。

2. 激励对象离职。

（1）激励对象合同期满并不再续约或主动辞职的，对已获授并已获准行权但未行权和已行权的股票不做处理，对已获授但尚未取得行权的股票期权不予授权，由公司注销。

（2）如果本次激励对象因公司重大裁员等各种原因而被动离职，且没有任何绩效考核不合格、过失和其他违法违纪等行为的，其已获授并已获准行权但未行权以及已行权股票不做处理，已获授但尚未被获准行权的股票期权则不得行权，由公司注销。

3. 激励对象退休。

激励对象退休返聘的，其已经获授的股票期权将按照公司激励计划的规定完全实施。如果公司要求继续雇佣而被激励对象拒绝的，其已经获授并已获准行权但未行权以及已行权股票不做处理,而已获授但尚没有获准行权的股票期权则不得行权,由公司注销。如果激励对象因退休而离开,其已经获授并已获准行权但未行权以及已行权股票不做处理,已获授但尚未获准行权的股票期权则不得行权,由公司注销。

4. 激励对象因劳动能力丧失而离职。

(1)由于工伤丧失劳力能力而离职的激励对象,其已经获授的权利将完全遵循情况发生前本股权激励计划所规定的程序行使,并且其个人绩效考验结果不再计入行权条件。

(2)如果激励对象不是因遭受工伤丧失基本劳动能力而离职,其已获授并已获准行权但未行权以及已行权股票不做处理,已获授但尚未获准行权的股票期权则不得行权,由公司注销。

5. 激励对象身故。

(1)如果激励对象因执行公司职务而身故,其已依法获授的权益由其指定的个人财产继承人或法定的财产继承者代为享有,并按照激励对象身故前公司股权激励计划所规定的程序执行,其个人绩效考核结果不再计入行权条件。

(2)如果激励对象因其他个人原因身故,对激励对象已经获授并已获准行权但未行权以及已行权股票不做处理,其已行使的权益由其指定的个人财产继承人或法定的财产继承者代为享有;已获授但尚未获准行权的股票期权则不得行权,由公司注销。

6. 激励对象所在子公司发生控制权变更。

激励对象在公司控股子公司工作的,如果公司丧失了对该子公司的控制,而激励对象仍然在该子公司工作,对激励对象已经获授并已获准行权但未行权以及已行权股票不做处理;已获授但尚未获准行权的股票期权则不得行权,由公司注销。

7.激励对象资格发生变化。

激励对象若因下列情况之一而不再具备激励对象资格的,激励对象已获授并已获准行权但未行权以及已行权股票不做处理;已获授但尚未获准行权的股票期权则不得行权,由公司注销。

(1)具有《公司法》规定的不得担任公司董事、高级管理人员情形的。

(2)法律法规规定不得参与股权激励的。

十二、附则

(1)本股权激励计划自公司股东会批准之日起生效。

(2)本股权激励计划由公司董事会负责解释。

(3)对本股权激励计划的未尽问题,应按照国家有关法律法规和公平、合理、有效原则解决。

×××有限公司股权激励计划(限制性股权)
目录

一、股权激励计划实施的目的

二、股权激励计划实施的基本原则

三、股权激励计划的管理机构

四、股权激励计划的授予对象

(一)激励对象的确定依据

(二)激励对象的人员名单及限制性股权分配情况

五、股权激励计划所涉及股权来源、数量及价格

(一)本次股权激励计划的股权来源

（二）激励对象的持股方式

（三）本次股权激励计划的股权数量

（四）本次股权激励计划的股权价格

六、股权激励计划的有效期、授予日、限售期安排

（一）有效期

（二）授予日

（三）限售期

（四）解除限售安排

（五）特殊情形处理

七、股权激励对象资金来源

八、股权激励计划的相关程序

（一）激励计划实施程序

（二）限制性股权的授予程序

（三）限制性股权的回购程序

九、公司与激励对象的权利与义务

（一）公司的权利与义务

（二）激励对象的权利与义务

十、股权激励计划的变更和终止

十一、附则

释 义

除非另有说明，相关简称在本文的含义如表4-2所示。

表 4-2　相关简称的含义（限制性股权）

简称	含义
公司	×××有限公司
股东会	×××有限公司股东会
董事会	×××有限公司董事会
监事会	×××有限公司监事会
股权激励计划/本计划/激励计划	×××有限公司股东会审议通过的《股权激励计划》
激励对象/授予对象	本股权激励计划规定的被授予限制性股权的公司员工
定价基准日	股权激励计划确定的××××年×月×日
授予日	本次股权激励计划规定对授予对象确定的具体授予日期
限售期	自激励对象获授限制性股权之日起到××××年止
有效期	自认购的股权授予之日起至所有限制性股权回购注销完毕之日止
持股平台	激励对象作为有限合伙人，通过持有该主体权益而间接持有公司股权的合伙企业
定向股权转让	通过×将其代持的本公司部分股权通过持股平台定向向授予对象转让
《公司法》	《中华人民共和国公司法》
《公司章程》	《×××有限公司章程》
权利负担	任何担保权益、质押、抵押、留置（包括但不限于税收优先权、撤销权和代位权）、租赁、许可、债务负担、优先安排、限制性承诺、条件或任何种类的限制，包括但不限于对使用、表决、转让、收益或对其他行使所有权任何权益的任何限制
人民币	中国法定货币人民币，除非特指，本计划涉及的金额均指人民币
年，月，日	日历年度、月度、自然日

一、股权激励计划实施的目的

1.进一步完善公司治理结构，建立健全公司长期、有效的激励约束机制，促进公司持续、稳健、快速发展。

2. 回馈老员工,肯定他们对公司的发展做出的贡献,鼓励和奖励公司创新变革,增强公司的竞争力。

3. 完善公司的薪资激励系统,使高层管理者、核心技术人员的利益和公司的利益挂钩,激励员工为公司创造长期的价值。

4. 降低短期薪酬激励支出,减轻公司短期的经营负担,增加公司中长期的发展后劲。

5. 吸引与保留不同岗位关键技术人才和业务骨干,共同促进公司的发展。

6. 将股东的利益、公司的利益与激励对象的个人利益相结合,从而使股东获得更高的效益和更持续的回报。

二、股权激励计划实施的基本原则

1. 公开、公平、公正原则。计划公开征求股东、高管人员、核心技术人员的意见;授予对象与授予份额的确定以建立一套标准化的、可量化的员工绩效评价标准为前提,保证公平公正。

2. 合理合法原则。该股权激励计划不得与现行《公司法》《公司章程》相冲突。

3. 鼓励机制和约束机制相结合。将个体的长期利益与公司的长期利益及价值增长相联系,同担收益与风险。

三、股权激励计划的管理机构

1. 作为公司最高的权力机构,股东会负责审议并批准该计划的实施、变化和终止。

2. 董事会是公司股权激励计划的执行管理机构,负责起草和修改该计划,并报股东会审议。董事会负责在股东会的授权范围内处理有关事务。

3. 监事会通常是该股权激励计划的一个监督机构,负责审查核实激励对象的成员名单，并负责监督该激励计划内容是否符合国家相关法律、行政法规、部门规章、《公司章程》和其他相关的公司业务管理规则。

四、股权激励计划的授予对象

（一）激励对象的确定依据

1. 确定激励对象的法律依据。

本计划的激励对象是以《公司法》和其他相关法律法规、规范文件和《公司章程》相关规定为基础，结合公司实际情况确定的。

2. 激励对象的职务依据及范围。

本计划的对象主要是那些与公司建立劳动伙伴关系（包括公司控股的子公司、分支机构）的公司高级生产管理者和公司核心技术开发人员。激励对象由公司董事会审议提名，经公司股东会审议批准。

3. 激励对象的范围（最终名单由股东会审议通过）。

本计划授予的首次激励对象共计 × 人，包括：

（1）入职满 × 个月的公司高级管理人员；

（2）入职 × 年以上的核心员工。

预留权益授予的激励对象由本计划经公司股东会审议后，根据实际情况决定，经董事会提议后，应及时对激励对象有关信息进行准确披露。预留激励对象确定的标准，参照第一次授予激励对象的标准。

本计划涉及的激励对象不包括监事。

（二）激励对象的人员名单及限制性股权分配情况

激励对象的人员名单及限制性股权分配情况如表 4-3 所示。

表4-3 激励对象的人员名单及限制性股权分配情况

序号	姓名	身份证号	职务	获授限制性股权数量	占公司注册资本的持股比例	占合伙企业份额
1						
2						
3						
4						
5						
6						
7						

注:1.上述激励对象额均为暂定,具体激励对象及激励份额根据董事会考核结果确定。

2.由于激励对象自身原因而放弃了获授权益的,由公司董事会对授予数量做出相应的调整,激励对象在认购时因资金不足可以相应地减少获得限制性股权的认购数额。

3.本计划的部分合计数与各明细数的相加之和在尾部有差别的,系计算数据的时候四舍五入导致的,下同。

五、股权激励计划所涉及的股权来源、数量及价格

(一)本次股权激励计划的股权来源

本计划的股权来源主要为公司股东×××的股权转让。具体转让价格及比例如下。

略。

（二）激励对象的持股方式

本计划首次授予对象采取间接持有公司股份的方式。也就是说，由公司股东×××指定的人员作为普通合伙人和激励对象共同设立持股平台××（有限合伙），激励对象通过受让持股平台的出资份额间接持股。

预留权益授予的激励对象以间接持有股权的一种方式，由股权持有平台××向股权激励对象直接转让合伙的股份，激励对象通过股权持有平台间接持股。

（三）本次股权激励计划的股权数量

本次股权激励计划拟定授予激励对象的限制性股权数量为×万股，约占本计划草案公告发布时公司股本总额×万股的×%，所有股权都是由持股平台认购和持有的，激励对象通过持股平台认购获得本次股权激励的股权。其中，首次授予×万股，占本计划发布时公司股本总额的×万股的×%；预留×万股，占本计划草案发布时公司总股本数×万股的×%，预留部分占本次授权总额的×%，由持股平台的×代持。

（四）本次股权激励计划的股权价格

首次授予权益的价格为×元/股，系公司结合目前净资产、经营情况以及行业市场信息等多种因素，经公司股东与激励对象充分沟通后确定的价格。

在预留权益授予前，须及时召开公司董事会对相关议案进行审议，通过综合当时公司净资产、运营情况和相关行业市场信息等多种因素，确定授予价格。

六、股权激励计划的有效期、授予日、限售期安排

（一）有效期

本计划的有效期从限制性股权授予之日起到所有限制性股权解除限售或回购完毕之日止，最长为×个月。

（二）授予日

授予日为该计划在公司股东会审议通过之日。激励对象应于自授予日起的 5 个工作日内向指定账户缴款。公司董事会在股东会通过该计划之后，对激励对象进行授予，办理缴纳出资、登记等有关手续。

（三）限售期

激励对象所获授的限制性股权，适用的限售期为 × 年，自授予日起计算。激励对象在解除限售前不能将通过本计划获授的限制性股权进行转让、用于担保或偿还债务。

（四）解除限售安排

1. 到期回购。

在解除限售期内，当达到解除限售条件时，董事会将审议本计划所设的限制性股权解除限售的条件是否符合，对于满足解除限售条件的激励对象，董事会将向激励对象发放《解除限售通知书》。

激励对象所获授的限制性股权，由于资本公积金转增股本、股权红利和股权拆细所获得的限制性股权同时限售，不能以其他形式转让或以其他方式出售，该等股权的解除限售期与限制性股权的解除限售期一样。

解除限售之后，激励对象间接持股的合伙企业份额由持股平台的×××回购，回购价格为授予原价。

2. 未到期回购。

限售期内，同时满足以下条件时，根据该股权激励计划已获授但尚未解除限售的限制性股权，由持有该股权平台的×××按授予原价进行回购。

（1）非过错退出。

激励对象因退休、丧失劳动能力、死亡、劳动合同有效期满、协商离职等非过错的情况退出的，激励对象目前所持的公司股权，由持股平台普通合伙人根据公司授予时的原价进行回购，分红后的结算截至发生上述情况的前一个月。

非过错退出具体包括以下情况：

①在法定年龄退休且退休后不继续留在公司任职的；

②丧失劳动能力而与公司结束劳动关系的；

③死亡或宣告死亡的；

④激励对象已经不适合继续任职，公司单方面提出解除或终止劳动合同的；

⑤与公司协商一致，公司同意激励对象离职的；

⑥经公司确定的其他非负面退出情况。

（2）过错退出。

激励对象出现以下情况，激励对象不享受当年分红，持有的公司股权由持股平台普通合伙人按照授予时原价进行回购，给公司造成损失的，公司有权在回购价款中扣除，不足部分由激励对象补足。

过错退出具体包括：

①违反国家及其相关的法律、行政法规或者《公司章程》的规定，造成严重经济损失的；

②严重失职、渎职、营私舞弊、受贿、索贿、侵占、盗窃、泄露经营和技术秘密等违法、违纪、违规行为，给公司造成重大损害的；

③未经公司同意，个人单方面终止或解除合同、不再续签等恶意离职情形的；

④在公司的同行业企业任职，该企业与公司存在同业竞争，损害公司利益的；

⑤不能胜任岗位工作、失职或渎职等；

⑥其他经公司认定的负面退出情况。

（五）特殊情形处理

（1）激励对象在企业内部发生正常职务变更，其获授的权益完全遵循本计划所规定的程序进行。

（2）由于执行职务受伤而丧失工作能力的激励对象，其所获授的限制性股权仍不改变，并按本计划的规定进行。发生以上情况时，激励对象的个人绩效评估结果不再纳入考核范围。

（3）由于执行职务而身故的激励对象，其获授的限制性股权由其指定的财产继承人或法定的财产继承人代为拥有，并按照其身故前激励计划规定的程序执行。发生以上情况时，激励对象的个人绩效能力考核结果不再纳入考核范围。

（4）其他没有说明的情形由董事会认定，并确定其处理办法。

七、股权激励对象资金来源

激励对象必须自筹资金认购，即股权激励对象以自筹资金买下对应的公司股权持股平台上的合伙企业股权份额。

八、股权激励计划的相关程序

（一）激励计划实施程序

1. 公司董事会应依法就本计划作出决议。董事会在审议本计划时，作为激励对象的董事或与之有关联的董事，应回避表决。

2. 经公司股东会审议通过后本计划方可开始执行。公司股东会在组织审议公司股权激励计划时，作为激励对象的股东或与激励对象有密切关联的其他股东，以及与股权激励计划有密切利益关系的其他股东，应尽量主动回避表决。

3. 当本计划获得公司股东会通过，并达到本计划所规定的授予条件时，公司在本计划规定的时间内，向激励对象发放限制性股权。经股东会批准，董事会负责实施限制性股权授予、解除限售和回购的工作。

（二）限制性股权的授予程序

1. 本公司董事会是本计划的执行管理机构，负责拟订和修订本计划，报股东会批准，并在其授权的范围内处理有关股权激励计划的其他相关事宜。

2. 公司通过股权持有平台，或直接与激励对象签订相关的合伙协议和其他协定，以便双方明确权利和义务。

3. 激励对象按照协议支付价格，协助办理工商更改登记手续等。

（三）限制性股权的回购程序

1. 如果发生了本计划规定的、持股平台合伙协议或其他协议约定的需要对限制性股权进行回购的情况，公司应在10天内召开董事会，审议股权回购方案，并依法向股东会提交回购方案并获得批准，持股平台的×××在获得股东会批准后的10日内，向激励对象发送回购通知，并在股东会批准后2个月内完成回购，办理相关的工商更改手续，激励对象必须遵守本计划所规定的有关义务。

2. 根据上述相关情形，触发回购时，由持股平台的×××购买需进行回购的间接持股激励对象持有的限制性股权对应的持股平台的出资额，购买价格按照本计划的相关规定处理。

3. 对被回购激励对象持有的持股平台出资份额，应遵循有关法律、法规、《公司章程》的规定，并遵守持股平台合伙协定的约定，办理入伙、退伙手续。

4. 间接持股激励对象应配合完成回购手续。

5. 相关法律法规规定导致×××不能回购的，间接持有股权的激励对象，应将其该部分股权通过其他合法的方式转让给公司指定的对象。

九、公司与激励对象的权利与义务

（一）公司的权利与义务

1. 根据国家税收法律法规的规定，公司应代扣代缴激励对象应缴纳的个人所得税和其他税费。

2. 本计划确定的激励对象，公司并不承诺给予该对象一定的雇佣期，公司仍然根据与激励对象签署的《劳动合同书》，确定对该激励对象的雇佣关系。

3. 其他有关法律、法规、《公司章程》规定的权利与义务。

（二）激励对象的权利与义务

1. 分红权。

（1）公司股东是否分红及具体的分红金额由公司股东会决定。计算公式为：股东分红收益＝公司决定分红的金额 × 股东持有公司分红比例。

（2）合伙企业合伙人的分红来自公司分红，或减持公司股权所得收益。其来源于公司的分红必须在股东会通过同意分红决议，并在合伙企业获得公司分红后，按合伙企业执行事务合伙人的决议，通过对合伙企业利润分配的方案。其减持股权收益，在缴付相关税款后，可由合伙企业的执行事务合伙人决定在册合伙人分红时使用。合伙人分红收益计算公式为：合伙人分红收益＝合伙企业决定分红的金额 × 激励对象所持合伙企业股权的比例。

2. 激励对象在激励股权限售期结束后按照本计划约定的方式对其持有的合伙企业份额进行定向转让。

3. 激励对象必须严格遵守本计划的前述关于对激励股权进行限制出售的相关规定。在股权限售期间，激励对象不能就任何限制出售的股权进行出售、交易、担保、继承、设定任何权利负担或用于偿还债务，或为处置激励股权而订立任何口头或书面协议。

4. 激励对象应严格遵守相关法律法规、公司规章制度，积极依法维护公司自身利益，不得从事有损公司利益的行为。

5. 激励对象必须坚持全职为其公司工作，不得与其他公司或用人单位建立直接劳动服务关系或其他劳务关系，不得直接或间接地以任何方式参与与公司的经营业务相似或类似的投资或经营活动。

6. 从离职日起两年内，激励对象不得在与授予公司构成同业竞争关系的公司中从事相关的工作，否则激励对象应将因股权激励而获得的全部利益，包括但不局限于红利、股权增值等返还给公司。

7. 在发生激励股权回购情况时，激励对象必须配合公司/持股平台完成股权回购或转让的全部手续，并完成所有相关的法律文件，否则应当承担违约责任并向公司按照其所持股权约定过户日的市场价值的20%支付违约金。

8. 其他由法律法规、《公司章程》或公司规定的权利和义务。

十、股权激励计划的变更和终止

公司发生下述终止股权激励计划的情形，激励对象的激励股权由公司或其关联方按定价基准日的初始认购价格回购：

1. 公司控制权发生变更；

2. 公司出现合并、分立等情形；

3. 注册会计师对提交的连续3个年度的财务会计报告，出具除标准无保留意见之外的审计报告；

4. 该公司在最近一年因重大违法违规行为而被处以重大行政处罚；

5. 公司股东会认定的其他情形。

十一、附则

1. 本计划经公司股东会审议通过后生效。

2. 本计划由公司董事会负责解释。

以上两种股权激励计划在实务中是比较常用的，一些上市公司在新三板挂牌时更青睐限制性股权这种方式，股票期权的方式则更为灵活。股权激励计划可以为公司融资、留住人才，又可以降低一定的风险。

4.2 阿里巴巴的双层股权结构

一个18人的创始团队于1999年在中国浙江杭州投资成立了阿里巴巴。阿里巴巴旗下拥有多项金融业务及互联网业务，主要包括：淘宝网、天猫、聚划算、全球速卖通、阿里巴巴国际交易市场、1688、阿里妈妈、阿里云、蚂蚁金服、菜鸟网络等。

4.2.1 独特的双层股权结构

自2013年起，阿里巴巴成了合伙人制度的代名词。除了因为阿里巴巴有巨大的影响力外，还因为阿里巴巴合伙人制度所具有的独特性和有效性。它与众不同之处就是：公司的控制权掌握在公司小股东的手里。

这种不同来自双层股权结构。所谓双层股权结构，就是把公司的股权分为A类股和B类股。A类股实行"一股一票"，而B类股则实行"一股多票"。在这种制度下，两类股权具有同样的收益权（按照实际的股数分红），但是它们代表的选举董事的权利和投票权是不同的。A类股和B类股之间存在现金流权和投票权的差异，即现金流权和决策权的差异。这使得拥有少量股权的合伙人可以通过控制董事会从而控制公司的决定权。

4.2.2 同股不同权

同股不同权是一种与双层股权结构非常相似的制度。其最大特点是，各合伙人在分红权和表决权方面存在着"不平等"，即在同股不同权下，各个主体可以约定不按出资比例享有分红权和表决权。《公司法》第三十四条规定，股东按照实缴的出资比例分取红利；公司新增资本时，股东有权优先按照实缴的出资比例进行认缴出资。但是，除非全体股东都约定不按出资的比例分取红利，或者不按照出资比例有限认缴出资的除外。因此，对于分红权的"不平等"，只需要合伙人之间达成一致意见即可，并不一定要写在公司章程中。《公司法》第四十二条规定，股东会会议由股东按照出资比例行使表决权；但公司章程另有规定的除外。因此，对于行使表决权的特别规定，应在公司章程中进行规定。同股不同权仅适用于有限责任公司，股份有限公司的股东表决权均为一股一权。

同股不同权在财务和税务上没有特别的约定，只需要根据股东之间以及公司章程的约定进行操作即可。

许多企业家在看到阿里巴巴双层股权结构的成功后，跃跃欲试。他们学习阿里巴巴合伙人制度时，通常有两种表现：一种是，通过多种渠道收集相关的信息，然后在各种消息中迷茫，摸不着头脑；另一种是，生搬硬套阿里巴巴的双层股权结构。其实，这两种做法都是不正确的。要想弄清楚合伙人制度为什么能在该企业扎根并开花，首先就要系统理解阿里巴巴合伙人制度的历史背景和主要内容，然后在这个基础上对比分析自己的企业与阿里巴巴，将合伙人制度与本企业的现实状况、未来的发展结合起来，取其精华，弃其糟粕。

阿里巴巴的合伙人制度之所以能够促使企业成功，与其配套的制度和政策是不可分离的。这些制度和政策不是单独地发挥作用，而是在同一体系中相互结合，共同发展。

4.2.3 全员持股计划

阿里巴巴在成立初期就推出了全员持股计划,这里的全员不是指公司的所有员工,而是指公司中符合条件的全体员工。全员持股具体指的是那些符合条件的员工都有资格拥有一定比例的股票,而不符合条件的员工虽然暂时无法持有该公司的股票,但未来也有机会。

阿里巴巴成立之初,18 位创业者都持有公司股份。随着公司员工越来越多,入股阿里巴巴变得难上加难,只有达到一定的条件才能持有一定比例或数量的公司股份。虽然合伙人制度下阿里巴巴的每个员工确实有获得公司股份的权利和可能,但是是否能够持有或持有多少公司股份,则取决于该员工是否满足公司设定的条件。

截至 2014 年 9 月 19 日,阿里巴巴的股份中 12.5% 由关联公司和阿里巴巴的员工持有。其中,阿里巴巴的员工持有比例约为 3%,股份价值达 20 多亿美元。可以说,让员工在公司发展过程中获得红利,是阿里巴巴合伙人制度的核心内容、思想前提和重要组成部分。

4.2.4 全员持股计划的配套管理制度

全员持股计划只是阿里巴巴合伙人制度的一个方面,是与员工持股计划配套的十分关键的内容,包括: 合伙人拥有统一的价值观与发展观、对合伙人的选择和上升通道进行分层、为合伙人设置恰当的股权激励方案,以及不可或缺的绩效考核机制等。正是这些配套措施的不断完善,才使得阿里巴巴的员工持股计划得以顺利落地和基本有效。实行合伙人制度的美的集团之所以可以取得成就,也是因为它的合伙人制度也包含上述配套措施。合伙人制度生效四要件并不是相互独立的,而是相互联系、相互包含的。要为合伙人设置恰当的股权激励方案,那么股权激励方案中就需要包含对激励对象的绩效评估。各方合伙人只有具有统一的价值观与发展观,才能劲往一处使,提高绩效。企业在绩效一步一步提高的过程中,对合伙人的选择和上升通道进行分层,这样就可以形成一个相对完整的合伙人制度。

4.2.5 阿里巴巴独创的合伙人制度

在不断发展壮大的过程中,公司创建者所拥有的权利可能随着不断融资而被稀释,这导致创建者可能面临被大股东赶出董事会的风险。现实里,这类情况并不少见。正是在此背景下,阿里巴巴独创的合作人制度出现了,并得到了软银和雅虎两位大股东的支持。阿里巴巴的招股书显示:上市公司董事会共有9名成员,合伙人可以提名简单多数(5人)。例如软银可以提名1名董事,其余董事可由董事会提名委员会提名,前述提名的董事在股东大会上由简单多数选举产生。根据上述表决权约束下的协定,阿里巴巴合伙人、软银和雅虎能在股东大会上进行投票,以互相支持的方式可以确保阿里巴巴合伙人不但能控制公司董事会,而且可以基本控制股东大会的最终投票结果。

以下为软银和雅虎的协议约定。

1. 软银承诺在股东大会上投票支持阿里巴巴合伙人提名的董事当选,未经董事局主席与董事局执行副主席同意,软银不会投票反对阿里巴巴合伙人的董事提名。

2. 软银将其持有的不低于阿里巴巴30%的普通股投票权置于投票信托管理之下,并受董事局主席和董事局执行副主席支配。鉴于软银有一名董事的提名权,所以董事局主席和董事局执行副主席在股东大会上会将其所拥有和支配的投票权用于支持软银提名的董事当选。

3. 雅虎将用其投票权来支持阿里巴巴合伙人和软银提名的董事当选。

除了创始人团队牢牢地把握控制权之外，一些基础性的制度约束也是十分明确的。

比如，阿里巴巴规定合伙人享有提名董事的权利；合伙人所提名的董事人数超过董事会总人数的一半，董事会成员中由合伙人提名或任命的董事人数不足一半时，合伙人可以任命额外董事，从而确保对董事会的控制权；如果股东不同意由合伙人提名的董事，合伙人则可任命新的临时董事，该临时董事任期至下年度的股东大会会议首次召开止；如果公司董事因任何理由离职，合伙人可以任命临时董事，该临时董事任期至公司下一年首次召开股东会会议止。

阿里巴巴的合伙人制度之所以持续发挥作用，是因为它从规则上加大了合伙人制度变更的难度：阿里巴巴的合伙人制度变更需要通过董事的批准和股东投票批准等两重批准。

总之，阿里巴巴的合伙人制度并不仅仅是双层股权结构，它包括全员持股计划、与全员持股计划相配合的各种管理制度，以及阿里巴巴合伙人制特有部分这三个方面。双层股权结构是核心，但不是唯一。从阿里巴巴的合伙人制度可以看出，只要设计好合伙人制度及其规则，创始人和管理层即使在企业发展过程中只拥有少量的股权，也可以始终掌握企业经营和发展的控制权。

CHAPTER 05
第 五 章

如何选择合伙人

5.1 选择合伙人的三种途径

前文告诉我们：一个相对完整的合伙人制度才有可能推动一家企业的发展，一项方案或者一个策略很难做到全面推动。因此，本章介绍如何选择合伙人。

所谓"天下未定，选才以能为先；天下既定，当德才兼备，德行为重；把才转化为能力信任，把德转化为善意信任。"也就是说，当一切事物都不稳定的时候，选人才就以能力为主。当事物平稳发展时，就以德才兼备，甚至是以德为先为选择人才的标准。

选择合适的合伙人的意义在于，最大限度地为公司日后的发展消除隐患。要设计一个有效的合伙人制度，就要先寻找对的合伙人。

小米创始人雷军认为，一个企业要长足发展，就应该采用最佳的合伙人。他说：如果暂时没有人选，你可以先问问自己，最希望自己的合伙人是哪家公司？然后就到那个公司楼下的咖啡厅里等着。看到人就和他聊，问这家公司的员工谁做这项工作最好。这样，就会有名单了。然后请名单上的人吃饭，不断尝试，直到成功。

其实这不失为一种办法，只是太费时、费力且具有一定的局限性。根据前文案例，下面介绍寻找合伙人的三大途径。

一、内部选择

顾名思义，内部选择即从企业内部选择有潜力的成员作为合伙人。内部选择主要适用于已成立的公司，在日益壮大的过程中，合伙人队伍不断扩大。华为和阿里巴巴等都是在企业发展过程中，在企业内部制定相应的标准和要求，以选拔合伙人。例如，阿里巴巴的合伙人必须服务于阿里巴巴且满 5 年，并且必须持有公司的股份，并且必须承认企业的核心价值观，并愿意竭尽全力地为公司发展服务等。

二、外部选拔

外部选拔就是猎头或者创始人利用自己的资源争取心仪的合伙人。通过猎头或者创始人寻找合伙人的好处在于可以在各行业寻找优秀的人，从而填补本企业的短板，做到优势互补。但是这些人才对该企业的文化是否认同，是否能和合伙人团队共同奋斗就不可知了。

三、被动选择

被动选择即通过吸引力法则，吸引外部的优秀合伙人。如华为、阿里巴巴等比较成功的企业，就可以比较容易地吸引优秀合伙人。所以只要企业的发展潜力能让潜在的合伙人看到，就不怕没有合伙人加入。通过这种方式得到的合伙人对企业有较高的认同感，但是其能力水平有待检验。因此，通过被动选择这种途径获得的合伙人，还应对其设置相应的考核标准。

其实，选择合伙人的途径和标准可以有很多种，但是有一个准则是永恒不变的，那就是"多方位、多角度地选择"。

5.2 选择合伙人的三大标准

选择合伙人并不是一件简单的事情，正如前文所说，选择合伙人的角度是多方位的。本节将选择合伙人的标准归纳为三类，即基础条件的标准、业务综合能力的标准以及主观的标准。

5.2.1 基础条件

基础条件包括但不限于体力、财力和沟通能力。一般来说，刚起步的企业选择合伙人时的基本要求就是体力好、有财力、有交流技巧。要求合伙人体力好，是因为刚起步的企业可能初具规模或者说毫无规模，此时合伙人的身体素质显得很重要。很少有合伙人不需要花钱，因此财力也是选择合伙人时需要考虑的因素。财力不仅代表融资的能力，还包括抵抗不义之财的能力。合伙人一定要具备基本的交流技巧，可以爱好安静，但一般不能不善交流。交易双方在交易时是利益的共同体，双方有责任主动地进行交流，解决误会的有效方法是主动交流和多沟通。在创业的过程中，创业者会接触各行各业的人，处理种种问题，选择具有较强沟通能力的合伙人，可以事半功倍。

5.2.2 业务综合能力

如果基础条件是地基，那么业务综合能力就是承重的墙。合伙人要有一定的专业水平，如财务合伙人具有财务能力，管理合伙人具有管理能力，技术合伙人具有技术以及研发能力等。业务综合能力并不仅指在特定的合伙领域中具有能力，它包括业务能力、沟通能力、创新能力等。合伙人只有具备强大的业务综合能力才能使想法变成现实。

在业务能力上，比强强联合更重要的是优势互补。互补不只是能力的互补，也包括性格和经验的互补等。每个人在各自的领域都有长处，只有相互信任，才能使团队变得更有凝聚力。许多企业之所以能够做大做强，除了因为选择了对的合伙人外，还因为这些合伙人在不同领域存在着非常强烈的互补关系。

对于华为、阿里巴巴这样的科技公司来说，公司的持续经营能力大多是靠不断创新得来的。所以公司的合伙人必须持续地努力和创新，接纳新的事物。一个人的创造能力是测量其未来价值的核心指标。除了创造能力，管理能力、运作能力、销售能力、协调和规划等方面的能力都是创业团队长期发展的关键因素。

因此，创业初期的公司在选择合伙人时应该严把"进门关"，以尽最大可能确保选择的合伙人能够真正地成为可以行稳走远的事业合伙人。但这对于大多数的公司来说是一个难点。因为许多新成立公司的业务不确定，工作模式不确定，对人才的要求不确定，创始人识别人才的经验也可能不足。不过笔者认为，依然有许多办法可以减少新成立公司选择合伙人过程中的失误，比如扩大招聘范围，使候选合伙人的基数增加，从而减少失误的概率。又比如学习先进的人才评估办法，从而增加经验。再比如，新成立的公司刚刚实行合伙人制度的时候，对于未经足够时间检验的人才，也可以采用一定的缓冲政策来防范错误选择合伙人导致的问题。

5.2.3 主观标准

主观标准可以分为以下两大点。

1. 互相信任。信任是合伙做事的基石。现实中，合伙人之间缺乏信任导致利益分配不均，从而给企业的发展造成不必要麻烦的案例比比皆是。大多数创业团队的散伙也是因为创始人之间互相不认同、互相猜疑。因此，互相信任很重要。

2. 理念、价值观相符。在选择合伙人时，一定要挑选价值观、人生观和发展观相一致的人。如果各创业合伙人的发展观相差甚远，那合作关系与企业长期的发展规划都会因此出现问题。

在选择合伙人的过程中，合伙人价值观、理念高度的一致是很重要的，它关系着合伙人团队是否能够持续合作。

企业的发展是一场马拉松，是一个漫长而艰苦的历程，需要不断竞争。所有这些都需要合作人的相互合作来实现。合作是人们实现梦想、达到目标并成就自己的必经之路。合作并不会使你损失什么，只会让你获得更多的东西，你要相信自己，更要相信别人。

5.3 选择合伙人的三大禁忌

无论选择合伙人的标准是什么,其禁忌都有相似之处。创始人在创立企业、选择合伙人之前要想清楚,是因为想做一件事所以以"事"为中心选择合伙人,还是只是想和亲朋好友做一些事,做什么事情倒无所谓。我们暂且把前者称为"做事合伙",把后者称为"合伙做事"。这两者虽然只是语序不同,但是它们的含义大相径庭。

做事合伙,意味着创始人想要做成一件事,围绕这件事选择场地、设备及相关人员(包括合伙人);合伙做事,意味着创始人只是因为和亲朋好友之间关系好想要在一起搭伙挣钱。一般来说,前者更容易走向成功。

做事合伙,意味着能把追求的事业方向和目标大体确定下来,然后以事为中心,去寻找合适的合伙人,一同创业奋斗。也可以说做事合伙是因事配人。在这种情况下,创始人就要考虑选择的合伙人能否可以和自己一起把事情做成,选择的合伙人能否在综合能力、基础条件以及主观方面与自己的企业和事业合得来。在这种背景下,创始人很清楚自己想要的合伙人是什么样子的,他需要具备哪些能力。这样组建的合伙人团队发挥的作用会比确定了合伙人再寻找事业的合伙人团队大很多。

因此,选择合伙人的第一个禁忌就是:先人后事。

5.3.1 先人后事

先人后事的模式就是：朋友或者亲戚之间因为信任、合得来，所以想一起找点事情做，一起创业。然后才想可以做哪些事。但是在运作的过程中就会发现，原来的相处模式根本无法运用到新的合伙模式中。谁来定总体的方向，谁来规划企业发展走向，谁来决定利益分配、投入付出、用人绩效、费用控制等问题接踵而至。这样出现分歧是必然的，由此导致彼此怀疑，此时合伙人的信任基础就会坍塌，最终导致团体解散。

5.3.2 缺乏信任、不懂妥协

信任与坦诚是合伙人制度的基础，不够信任与坦诚的合伙团队就是一盘散沙。在生活中，每个人也是需要合伙的，但并非所有人天生善于合伙。没有合伙、合作过的人，在决定合伙的那一刻，都是需要补课的。需要补的是对合伙的经验认知，目的是将合伙团队中的每一个人，都塑造成为优秀的合作对象。

任正非在 2009 年的一次内部演讲中提出，灰度、妥协和宽容是重要的领导素质，也是重要的合伙特质。他说，一个清晰的方向，是在混沌中产生的，是从灰色中脱颖而出的。合理地掌握合适的灰度，是使各种影响发展的要素，在一段时间内和谐，这种促使和谐的过程叫妥协，这种和谐的结果叫灰度。坚持正确的方向，与妥协并不矛盾，相反，妥协是对方向坚定不移地坚持。当然，方向是不可妥协的，原则也是不可妥协的。但是，在实现目标的过程中可以适度妥协，只要有利于目标的实现。当目标清楚了，如果此路不通，我们妥协一下，绕个弯，总比原地踏步要好。"妥协"其实是务实、通权达变的丛林智慧。智者懂得在恰当的时机接受别人妥协，或向别人提出妥协。明智的妥协是一种适当的交换。为了达到主要的目标,可以在次要的目标上做适当的让步。这种妥协并不是完全放弃原则,而是以退为进,通过适当的交换来确保目标的实现。只有真正领悟了妥协的艺术,学会了宽容,保持开放的心态,才能够在正确的道路上走得更远,走得更稳。

正如任正非所讲,在合伙的日常事务中,没有分歧是不可能的,争执是常态。分歧和争执是不可能避免和回避的。一次次的回避只会让矛盾越积越多,甚至会导致散伙。合伙人与领导者更重要的工作是化解这些分歧。有妥协地处理问题,通过"曲线"的方式达到自己的目的,不失为一种行之有效的解决方法。

5.3.3 道不同

除了上述两个禁忌,选择合伙人的第三个禁忌是:道不同,即合伙人之间价值观不同。

合伙人之间很可能因为价值观不同、缺乏沟通而分道扬镳。

在合伙的过程中出现争执是很正常的,我们所强调的是妥协。在价值观出现分歧时,团队内部应进行有效的沟通,这样才能维护统一的文化、使命、愿景与价值观,才能深度合伙,才能避免合伙人在合伙中途分道扬镳。

CHAPTER 06
第 六 章

合伙人的出资及利益分配

6.1 合伙人出资的两类方式

成立企业，启动资金非常宝贵，出资尤为重要。对于需要发展壮大的企业，融资是必须经过的一道关口。因此，合伙人除了应具有相应的业务能力外，还应拥有一定的资金。合伙人最终的目标是获得利益，因此，在讨论了如何选择合伙人后，本章主要介绍合伙人的出资方式和利益分配计划。

出资的方式是指合资各方以什么方式出资入股。《中华人民共和国中外合资经营企业法实施条例》（2019年3月修正）第二十二条规定：合营者可以用货币出资，也可以用建筑物、厂房、机器设备或者其他物料、工业产权、专有技术、场地使用权等作价出资。《公司法》（2018年修正）第二十七条规定：股东可以用货币出资，也可以用实物、知识产权、土地使用权等可以用货币估价并可以依法转让的非货币财产作价出资；但是，法律、行政法规规定不得作为出资的财产除外。对作为出资的非货币财产应当评估作价，核实财产，不得高估或者低估作价。法律、行政法规对评估作价有规定的，从其规定。

因此，虽然理论上可以使用任何一种类型的财产出资，但对于法律法规无明确规定的出资形式，还是要评估其是否具备确定性、现存性、价值评估的可能性以及可独立转让性。

6.1.1 现金 / 实物出资

总的说来，合伙人出资的方式有四种，分别为现金出资、实物出资、无形资产出资、股权出资。其中，现金、实物和无形资产由于流通性较高，所以常用于出资。股权出资更多地出现在企业收购和兼并过程中，这种出资方法需要一定的技术。

首先是现金出资，也就是货币出资。创始人需要流动资金来支付创立、启动、运营企业所需的各种费用。因此，现金出资通常是合伙人体制中最普遍、最直接和靠谱，也是最受人喜欢的一种出资方式。因为，愿意用现金出资表达了合伙人对企业发展的高度认同，表示合伙人不但愿意分享企业经营的成果，还愿意共担企业的经营风险。

其次是实物出资。实物出资通常以机器设备、原料、零部件、货物、建筑物和厂房等为主。用于实物出资的标的物必须能以某种公平的方法进行评估作价，这是因为实物出资以股份或者出资额为对价，如果不能换算为现金，则无法确定其在资本总额中的比例。

合伙人进行实物出资时，应注意以下事项。

1. 评估作价。一般来讲，可以用于出资的实物应具备以下条件或特征。

（1）实物的价值可以通过估价对其进行评估和计算。《最高人民法院关于适用〈中华人民共和国公司法〉若干问题的规定（三）》（2014年2月修订）第九条规定：出资人以非货币财产出资，未依法评估作价，公司、其他股东或者公司债权人请求认定出资人未履行出资义务的，人民法院应当委托具有合法资格的评估机构对该财产评估作价。评估确定的价额显著低于公司章程所定价额的，人民法院应当认定出资人未依法全面履行出资义务。

（2）实物可依法办理转让。合伙人向企业出资的实物必须可以依法进行转让，合伙人之所以能够取得企业创始人资格，是因为其牺牲了对出资财产的所有权。因此，出资的实物必须具有可转让性，这样合伙人出资的财产的所有权才属于企业，企业才能对财产独立地享有所有权。

（3）实物应对被投资企业具有价值，可以满足企业的生产和经营需要，能够给企业带来实际的利用价值。合伙人以实物出资，其出资实物应为企业可以直接使用的物品，包括厂房、办公用品、设备设施、机器、运输工具和生产材料等。合伙人以不能用于所设企业生产和经营活动的物品出资的，登记机构不予批准。因此，与企业经营无关的物品不适宜作为出资物。

（4）该实物上未设担保。

《中华人民共和国公司法》（以下简称《公司法》）（2018修订）第三十五条规定：公司成立后，股东不得抽逃出资。即合伙人以实物作价入股后，实物具有不可抽回的性质，应由企业统一支配。因此，设立担保的实物不能直接用作合伙人的出资。

2. 产权转移。《公司法》（2018年修正）第二十八条规定：股东应当按期足额缴纳公司章程中规定的各自所认缴的出资额。股东以货币出资的，应当将货币出资足额存入有限责任公司在银行开设的账户；以非货币财产出资的，应当依法办理其财产权的转移手续。股东不按照前款规定缴纳出资的，除应当向公司足额缴纳外，还应当向已按期足额缴纳出资的股东承担违约责任。

除此之外，《最高人民法院关于适用〈中华人民共和国公司法〉若干问题的规定（三）》（2014年2月修正）第十条规定：出资人以房屋、土地使用权或者需要办理权属登记的知识产权等财产出资，已经交付公司使用但未办理权属变更手续，公司、其他股东或者公司债权人主张认定出资人未履行出资义务的，人民法院应当责令当事人在指定的合理期间内办理权属变更手续；在前述期间内办理了权属变更手续的，人民法院应当认定其已经履行了出资义务；出资人主张自其实际交付财产给公司使用时享有相应股东权利的，人民法院应予支持。出资人以前款规定的财产出资，已经办理权属变更手续但未交付给公司使用，公司或者其他股东主张其向公司交付、并在实际交付之前不享有相应股东权利的，人民法院应予支持。

因此，以实物出资的合伙人作为出资者，理应在规定期限内办理产权转移手续。只有办理完产权转移手续，才能取得相应的权利。

6.1.2 无形资产出资

无形资产是一种看不见、摸不着的资产。它不具备实际载体，不具有流动性，但可以在未来为企业带来额外的经济利益。无形资产出资具体是指合伙人以拥有的专利权、非专利技术、商标权和土地使用权等出资。以无形资产为出资方式的，应按双方同意的数额确定其价值。

至于是否能够以劳务和信用出资的问题，学术界有不同的观点。《公司法》虽然没有明确禁止以劳务和信用出资，但是从《公司法》关于出资形式的要求以及实务中的做法来看，我国并不允许股东以上述两者向有限责任公司和股份有限责任公司出资。但《合伙企业法》（2006年8月27日修正）第十六条规定：合伙人可以用货币、实物、知识产权、土地使用权或者其他财产权利出资，也可以用劳务出资。可见，合伙企业中的合伙人是可以通过劳务出资的。

无形资产在使用和形成的过程中，具有不同于有形资产的特征，如下所示。

1. 非实体性。无形资产一般不具有实体形态，只有承载无形资产的载体。人们只能感觉无形资产的存在。无形资产要么表现为人们心中的形象，要么作为特许权的形式表现为社会关系。

2. 垄断性。无形资产的垄断性表现为以下几方面：一些无形资产被我国的法律保护着，未经允许，他人无法免费、无偿地获得；专利权、商标权等无形资产禁止他人非法使用；专业技术和秘诀、商业秘密等无形资产虽然没有法律上的保护方法，但是无形资产持有者通常会对其进行保密，比如可口可乐的配方；还有一些无形资产与企业无法分离，例如商业信誉、口碑等，除非企业的产权转让，否则其他人无法得到。

3.不确定性。不确定性是指无形资产的有效期在科学技术发展进步和经济市场环境变化的双重影响下通常难以确定。

4.共享性。共享性指无形资产有偿转让后,可以由几个主体同时使用,而固定资产和流动资产因为具有实体特征所以不可能同时在多个企业中使用。例如,商标权,受让企业和出让企业可以同时使用。

5.效率高。无形资产可以使企业获得远大于成本的经济利益。一家企业无形资产越多,其获利能力也就越强。

除了上述特点,无形资产出资也有其特定的程序。

1.对无形资产进行评估。无形资产的上述特点,导致其价格通常不稳定。因此在确定无形资产的金额时,应由第三方评估机构对其进行评估确定,这样才客观。

2.办理财产转移手续。以无形资产出资应及时办理财产转移手续,即需要将无形资产的所有权由合伙人转移至企业。

3.验资。建议在无形资产出资完成后,由会计师进行验资,计入实收资本。

6.2 如何确定合伙人的出资比例——股权设计

近年来，由股权设计不合理、股权问题处理不好而引起的控制权争夺的案例数不胜数。同时，由股权设计、激励制度、分红等引起的诉讼也越来越多。

所以，如果合伙人的出资比例、股权激励制度等问题没有处理好，则很有可能为企业日后的运营留下隐患。

合伙创办企业的好处很多，但股权设计是合伙人最难做出的决定之一，也是应首先解决的问题。有些人仍然持有"谁投得多谁就是老大"这样的投资观点，其实并不是如此。合伙人的出资比例在一定程度上决定不了企业到底由谁控制。但是，不同的合伙人出资比例对企业日后的发展有很大影响。

6.2.1 为什么要重视股权设计

首先，在做股权设计之前要想清楚：为什么要做股权设计。笔者认为大致上有四点原因。

（1）股权设计是公司治理结构的基础，决定公司权利的分配、制约和平衡。

（2）股权设计有助于明确股东之间的权利和责任，是各合伙人共创价值、共享利益和共担风险的基础。

（3）股权设计影响公司的控制权。

（4）合理的股权设计有利于公司的发展，若公司想引进投资或者上市，较差的股权设计会产生负面影响。

除此之外，在着手股权设计时，通常会考虑公司价值评估问题以及公司利益相关者博弈等问题，为公司后续发展打好基础。

很多创始人在决定合伙人出资比例的时候只考虑当前，使得公司股权被创始人团队分光。但是随着公司合伙事业的发展，会不断加入新合伙人，包括但不局限于新的外部合伙人和内部中高层管理人员、核心职工和普通雇员。因此，在分割"股权蛋糕"的过程中，应该有长远眼光，提前做好股权设计，预留未来新合伙人需要的份额，预留员工激励股权份额，以及预留未来可能被需要稀释的份额。

其次，在创业初期很容易发生一种常见的情形，就是大家只顾埋头干，对于出资人利益的分配并没有太多考虑，因为所有人都知道只有在公司发展成熟后股权才是有价的。当公司的发展前景不断变好和价值不断扩大的时候，早期创始人团队就会越来越多地关注自己出资的利润分配。而如果此时才开始讨论股权以及利润分配问题，那么很难令所有人满意，进而造成创业团队出现重大问题，严重影响公司的日后发展。所以，建议在公司创立初期做好股权设计，为公司壮大后的利润分配打好基础。

最后，要想清楚：①公司的控制权到底应该由谁掌握。是由一个人、多个人，还是多个团队掌握。②确定持股比例时各种出资应该如何评估作价。若各合伙人能够选出一位或多位能够带领公司发展的管理者，那么对公司日后发展有很大作用。若不能选出，则会为该公司的日后发展留下隐患。如果合伙人都同意以出资比例分配利润，则可以直接按照出资比例享有股权。如果只有部分合伙人以货币或实物出资，那么他们获得的比例应该高于没有以货币或实物出资的合伙人。而且，由于项目首席执行官通常会影响整个项目的发展，因此，为了激励首席执行官，应该将首席执行官所占的比例相应地调高，这样更有助于降低项目风险。

上述问题都要依靠股权设计来解决。股权设计就好比一个工程的总体框架，只有在框架内做事，才可以确保项目完成。

6.2.2 股权设计包括的部分

一个股权设计系统主要由三个部分组成：股权架构系统、股权分配机制以及股权传承与资产管理。

一、股权架构系统

股权架构系统由横向和纵向两部分组成，横向部分称为股权结构，纵向部分称为股权架构。股权结构是指各合伙人所占的股权比例及其相互之间的关系，研究的是股东之间的结构模式和股权分配问题；同时还研究股东的持股方式，即是自然人持股还是控股平台持股，控股平台持股是合伙制企业持股还是有限责任公司持股。股权架构则是指自然人股东、投资平台、母公司、各级子公司之间的股权关系，包括全资、控股、参股等。如果说股权结构的意义在于分配各股东之间的出资比例，那么股权架构的意义则在于赋予不同级别公司不同的经营意义，进行全方位筹划，增加总公司的控制权，减少经营风险等。

股权结构的设计重在综合评价各合伙人对企业的价值，科学评价每个合伙人在创始时期的各个阶段所起的作用。有的项目不需要大量的资金，需要的是某个合伙人所享有的专利；有的项目需要创新、创意；有的项目没有绝对的市场优势，需要的是推广。因此，针对不同项目的发展阶段，应该有梯次地划分出资比例。

二、股权分配机制

股权分配机制是指公司股权在创始人、合伙人、内部激励对象、外部投资人之间如何进行分配的方案。在公司发展的不同阶段，股权分配的侧重点和比例都是不同的。但是，大体上都要遵循"以公司价值最大化为中心，以保证创始人控制权和未来分配空间为重点"的原则。也就是说，不能一下将所有股权都分配出去，也不能没有梯度地平均分配。

三、股权传承与资产管理

股权传承与资产管理主要包括股权退出、回购机制，以及夫妻共同股权的处理机制的设计问题。

6.2.3 做好股权设计的关键——掌握控制权

要想做好股权设计和股权分配，必须考虑两个方面的问题，就是控制权问题和公司价值评估问题。

首先看一下股东如何加强对公司的控制。对于公司股东来讲，股权带给股东的是对公司的所有权以及由此衍生的收益权、增值权、表决权、处置权等。在公司发展的初始阶段，股东的人数较少，各方利益关系比较简单，此时创始人要想掌握公司的控制权是很容易的。但是随着公司规模的扩大，公司股东人数的增多，各方利益很难达到完全的平衡，创始人所拥有的控制权由完全控制（拥有66.7%以上股份）到被稀释为绝对控制（拥有50%以上股份），再到被稀释为相对控股（持股比例超过33.4%，拥有一票否决权），上市后，有可能会被继续稀释。

寻找合伙人、股权激励、外部融资以及上市的过程，就是公司价值逐渐升高、股东控制权逐渐被稀释的过程。根据统计的数据，创始人股权被稀释后，比较理想的股权占比状态是：上市前，创始人是公司的实际控制人，持股比例为30%～40%；上市后，创始人股权被稀释后持股比例尽量不低于30%。当然这也不是绝对安全的状态，具体还应看公司的实际情况。

➡ 【案例】

2018年6月30日，拼多多向美国证券交易委员会递交了招股说明书。创始人黄峥持股50.7%，第二大股东腾讯持股18.5%，高榕资本持股10.1%，红杉资本持股7.4%。7月26日，拼多多上市后，黄峥持股46.8%，拥有89.8%的投票权。

公司所在的行业不一样，规模不一样，需要融资的规模等也就不一样。比如：京东创始人曾持有京东16.2%的股份，但却拥有80.9%的投票权；腾讯创始人曾持有腾讯约8.2亿股份，约占总股份的8.63%；百度创始人曾持有百度16.2%的股份，但拥有55.2%的投票权；小米公司创始人持有小米约31.41%的股份，但拥有超过50%的投票权；新浪创始人曾持有新浪11.8%的股份，但拥有55.9%的投票权。

通过上面的数据可以看出，创始人的股份在公司上市后会被稀释，远远达不到理想状态（上市后持股比例不低于30%）。但上述每一位创始人对公司的投票权超过了50%，京东创始人的投票权甚至达到了80.9%。这些创始人是怎么拥有这么高的投票权的呢？这涉及股权设计和股权分配必须思考的一个问题：在股权被稀释的情况下，创始人如何加强对公司的控制权。

控制人一般通过三种方式来加强对公司的控制：股权控制、协议控制和其他方式控制。股权控制包括股权比例控制和股权结构控制；协议控制包括委托投票权控制、一致行动人控制、A/B股制度控制、治理结构控制；其他方式控制则主要是创始人的人格魅力控制、企业文化控制以及管理层的合伙跟投控制等。

1. 股权控制。

（1）股权比例控制。相对于其他控制方式，股权比例控制是"最硬"的控制方式。要理解如何通过股权比例来实施控制，就必须了解股权的六条"生命线"。股权的六条"生命线"的详细内容如表6-1所示。

表 6-1　股权的六条"生命线"

序号	持股比例	控制权	备注说明
1	66.7%	完全控制权	所有重大事项均有一票通过权,包括修改公司章程、公司分立、合并、解散、变更主营业务项目、变更公司形式等重大决策
2	51%	绝对控制权	聘请独立董事,选举董事长、聘请或者解聘总经理等多数事项的一票通过权
3	33.4%	相对控制权	对重大事项有一票否决权
4	10%	临时会议权	可提出质询、调查、起诉、清算、解散公司
5	3%	临时提案权	提前开非正式会议的权利
6	1%	代为诉讼权	可以间接地调查和起诉的权利

笔者要提醒大家的是,通常在实际股权设计中,绝对控制权的持股比例建议设计为52%而不是51%。因为假设下一阶段上市股改,需要稀释10%;公开上市,为流通股留出25%的稀释空间。经过两次稀释后,若股东最初持股比例为52%,则股东还剩下52%×65%=33.8%的股份;若股东最初持股比例为51%,则还剩下51%×65%=33.15%的股份。33.8%和33.15%有截然不同的含义,因为两者之间正好有一道33.4%的相对控制权线(安全控制线)。当然,这是假设上市股改稀释10%、公开发行稀释25%的情况,这也是一种理想状况或者理论状况。

(2)股权结构控制。

增加股权比例进行控制是简单、直接的办法,但这需要有一定的经济实力做支撑,因为增加股份是需要资金的。有没有可能仅利用20%甚至更少的持股比例来控制公司呢?

答案是"有可能",可以通过股权结构设计,利用股权杠杆来加强对公司的控制。股权结构控制的思路就是搭建持股平台,由持股平台持股目标公司。控制人可以设立有限责任公司作为持股平台，即控制人通过持有该有限责任公司51%的股份从而控制持股平台；控制人亦可以设立合伙企业作为持股平台，即控制人作为持有该合伙企业1%股权（甚至更少）的普通合伙人来控制持股平台。通过持股平台这个股权杠杆，持股人就可以放大自己的股份，实施控制。按照持股平台的性质，通常有两种股权结构控制方法：有限责任公司作为持股平台和有限合伙企业作为持股平台。

①有限责任公司作为持股平台。例如，海底捞四位持股人通过组成的持股平台（简阳市静远投资有限公司）来控制海底捞。选择有限责任公司作为持股平台需要具备几个条件：控制人持有较多股份；股东人数较少；股东间比较熟悉，易于统一意见。

②有限合伙企业作为持股平台。通常实际控制人更愿意选择有限合伙企业作为持股平台。有限合伙企业里的合伙人分为两种：一种是普通合伙人，另一种是有限合伙人。《合伙企业法》第六十七条、第六十八条规定：有限合伙企业由普通合伙人执行合伙事务，有限合伙人不执行合伙事务，不得对外代表有限合伙企业。通俗地讲，普通合伙人无论出资多少，即使出资比例仅为0.1%，都可以执行合伙事务，承担管理职能，承担无限连带责任；有限合伙人不论出资多少，即使出资比例高达99.9%，也不能参与管理和执行合伙事务，只需以出资额为限承担有限责任。在有限合伙企业持股平台中，控制人为普通合伙人，其他股东为一般合伙人。这样控制人就可以以较少股份，控制持股平台，继而控制对应的目标公司。

选择有限合伙企业作为持股平台需满足几个条件：控制人持有较少股份；股东人数较多；股东之间较难统一意见。

从责任和作用上讲，有限合伙企业和有限责任公司作为持股平台，都可起到风险隔离和股权杠杆的作用。但部分控制人选择有限合伙企业作为持股平台，这是因为有限合伙企业设立门槛低、手续简便，法律限制较少。此外，有限合伙企业的内部治理相对灵活，不需要成立"三会"，管理成本较低。合伙人只需通过合伙协议约定合伙人之间的权利义务关系、收益分配方式，设计非常灵活，自主性强。此外，有限合伙企业中，合伙人就是纳税主体，而且只需交个人所得税。而有限责任公司是双重纳税，需同时交企业所得税和个人所得税。

2. 协议控制。

（1）委托投票权控制。委托投票权控制指某个合伙人将自己拥有的表决权、董事提名权等权利通过授权委托书授予给另外一位合伙人，以增加后者的控制权的控制。如DST、红杉和KPCB等11家投资人将投票权委托给京东董事局主席，使其拥有京东51.2%的投票权。

（2）一致行动人控制。一致行动人控制指几位股东通过一致行动人协议，约定在一些事情上保持一致行动的控制。和一致行动人控制相比，委托投票权控制下，控制人有合法取得的委托书，且委托人不用去投票表决现场，具体的投票行为由被委托人实施，所以，委托投票权控制的可信度更高。但一致行动人控制和委托投票权控制都高度依赖其他股东授权或者彼此约定。既然有授权，就有可能取消授权；即使双方约定，也可能违反约定。如果控制人想得到更有保障的控制权，必须在《公司章程》等规范中做出相关规定。

（3）A/B股制度控制，A/B股制度又称双层股权制度（详情见本书第四章）。据统计，主要的发达证券市场，包括美国在内的6个国家允许采用A/B股制度，而澳大利亚、中国、韩国、日本、新加坡等国家证券交易所则禁止实行A/B股制度。

（4）治理结构控制。通过治理结构控制公司的典型案例就是真功夫。首先看一看真功夫的公司章程。该公司的公司章程规定，真功夫董事会由五名董事组成，五方股东各委派一名董事；董事长由蔡达标任命，法定代表人由董事长担任；公司章程的修改由全体董事在按规定程序召开的董事会会议上一致投赞成票方可通过。"股东委派董事""董事长由蔡达标任命",这两项规定意味着公司章程确定了无论蔡达标的股权多少,他是公司实际控制人。可见,如果其他股东想废除这一规定,必须修改公司章程。但是,"公司章程的修正由全体董事在按规定程序召开的董事会会议上一致投赞成票方可通过"。也就是说,只要蔡达标不同意修改,他永远实际控制真功夫。

通过上面分析,从理论上讲,任何股东都不可能夺走董事长席位,真功夫永远是"蔡氏天下"。股权大战的另一主角潘宇海要想"推翻蔡氏、改朝换代",势必比登天还难。

以上的协议控制方式都有一个共性:其他股东对创始人带领企业取得的业绩深度认同和高度信任,对创始人继续创造辉煌的能力深信不疑;其他股东愿意让渡一部分权利,来支持创始人创造更大的企业价值。

3.其他方式控制。其他方式控制包括公章、财务章、账簿、生产秘方、营销渠道(经销商)、法人代表、总经理任命、管理层合伙跟投、创始人人格魅力、企业文化等控制。

6.3 陷入僵局的三种股权结构

虽然说股权结构设计是出资各方协商的结果,但是若出现以下三种股权结构,未来可能会发生"合作悲剧"。

6.3.1 股份平分或一人持股

创业者雷某创办一家企业。但雷某不善于运用合伙人制度,更不清楚如何设置股权结构。于是协商决定,四人的持股比例各为25%,但是,一连串的问题随之而来。

由于每个股东所占的比例是一样的,所以在企业中没有任何人可以说了算。在换了两轮总经理后,该企业也因为涉及股权问题而倒闭。因此,雷某在再次创办新企业时,决定持有67%以上的股份,牢牢把握对公司的控制权和领导权。

一人持股也是同样。若一家公司只有一个股东,那么可能导致大多数的员工只是拿钱办事,不会为企业考虑。拥有100%的股权和拥有67%的股权在控制权和领导权方面没有太大的区别。

6.3.2 忽略小股东的股权份额

例如,一家公司原本有两个股东。A股东持股51%,B股东持股49%。之后,C股东加入。A股东和B股东各拿出2%的股份给C股东。此时,A股东持股 49%，B 股东持股 47%，C 股东持股 4%。C 股东好似没有威胁到大股东的控制权，但是在行使表决权时，若 C 股东与 B 股东联合，那么 B 股东与 C 股东共持股 51%。此时，A 股东就会被架空。也就是说，小股东的股权份额也是不容小觑的。

6.3.3 仅依据出资设置股权结构

例如，A、B、C 三人联合成立了一家科技公司。股东 A 出资 500 万元，股东 B 出资 300 万元，股东 C 出资 200 万元。三人根据出资的比例分配股权，即股权比例为 5：3：2。这种股权结构看起来很合理，但可能会导致以下问题：拥有 50% 股权的股东 A，每天都在公司里工作，尽职尽责。股东 B 只是偶尔去公司。股东 C 觉得自己只是一个小股东，没有必要去公司。到了年末分红时，股东 A 感觉特别不平衡，因为他在全面运营公司，而股东 B 和 C 就相当于坐着挣钱。长期以来，产生矛盾是不可避免的。

综上所述，合伙人决定与其他人合伙创业时，对股权结构的设计，不仅要考虑出资，还要考量人力贡献因素，将合伙人所创造的价值也计入占股比例之中，这样才能平衡合伙人之间的关系，企业才能走得更远。

6.4 合伙人的利益应该如何分配

多年来，我国多数行业利益分配的原则是多劳多得，少劳少得，不劳不得。这不只适用于雇佣制企业，而且适用于合伙制下的合伙人利益分配。

笔者认为，合伙人的利益分配应该以贡献值的大小为准。对企业贡献越大的合伙人，其分得的利益也应该越多。虽然标准是固定的，但是方式是多样的。一个好的利益分配制度应该对不同的合伙人有不同的安排。

6.4.1 固定薪资 + 分红

固定薪资 + 分红这种分配方法比较适合普通的持股员工。对员工的职位和职级由高到低划分层级，层级越高，底薪越高。只要持股员工完成了本职内的工作就可以获得固定的薪资。如果想要获得分红，就需要满足以下两点：一是公司年利润达到可以进行分红的水平；二是员工有资格获得分红。这个资格包括但不限于业绩、工作年限、持股达到一定时间等。

这种方法既保障了普通持股员工的生活开销，又对其有一定的激励作用。只有认真工作、积极创收，才能得到分红，否则只能领取固定薪资。这种方法的缺点是较难设置一个合适的固定薪资水平。固定薪资过高，会让持股员工丧失奋斗的积极性，因为有固定薪资就已经满足了；固定薪资设置得过低，会让员工对公司产生不满。一旦没有达到分红的条件或者因高层导致该公司本年度没有利润可以分配，就会引起持股员工的不满。因此，在这种方法中，如何设置一个合适的固定薪资标准是十分重要的。

6.4.2 持股比例 × 职位难度 / 贡献系数

这种分配方法更适合企业的创始人或者持有企业股份的高层管理者。近些年，分红越来越成为合伙人收益的重要部分。一般来说，创始人持股比例是比较高的。如果完全按照股权比例分配利润，就会出现有的合伙人不做事也能分配到高额利润的情况。因此，为了避免这种情况的发生，应在此基础上设置职位难度 / 贡献系数（对于执行者或者对企业事业发展、项目跟进有较大贡献的创始人及高层管理者，可以设置相对高的系数），然后根据所持股权比例、职位难度 / 贡献系数以及企业本年度可分利润进行综合计算。这种方法既保证了公平，又体现了对贡献较大者的鼓励。

6.4.3 持股比例 × 职位难度 / 贡献系数 + 项目分红

这种分配方法主要针对企业的投资人。一般来说，投资人有很大的可能性不会参与企业事务的管理，对企业的贡献就是提供资金。这时如果完全按照持股比例对投资人进行分配，那么很有可能会导致辛苦工作的创始人及高层管理者产生不满。因此，同第二种方法一样，为了避免伤害辛苦工作的员工，投资人的利润分配可以采用持股比例 × 职位难度 / 贡献系数 + 项目分红的方法。

投资人之所以被称为投资人，就是因为其作用和角色定位主要在于"投资"而不是"执行"，很少有投资人参与企业的日常运营。如果投资人只是投资，那么其职位难度 / 贡献系数就可以设置得低一点。这也代表投资人分得的利润并非是根据自己所持的股权比例分得的，而是综合考虑了其对公司的贡献。但是如果设置的职位难度/贡献系数较低，而投资人又参与了公司的事务，此时应如何处理呢？如果是这样，那么根据"贡献越大，分得越多"的原则，建议根据项目的情况，给投资人分配项目分红。这样就很好地解决了这个问题，也会使投资人和其他持股的创始人以及高层管理者觉得比较公平。

获取收益是合伙人进行投资的主要目的，也是法律中明确规定的权利。因此，在成为合伙人后能获得怎样的收益是合伙人决定是否入伙的重要因素。企业创始人不仅应该在初期就制定好合伙人利益分配原则，而且应该制定得相对公平和完善。切忌平均分配，也不应该不考虑合伙人的投入和贡献。若平均分配或不考虑合伙人的投入和贡献，则会让合伙人消极怠工，也与企业激励的初衷背道而驰。

一套行之有效的合伙人制度通常包括多个方面，只靠股权激励、员工持股以及工作激情是远远不够的。如果合伙之初创始人没有形成统一的价值观与发展观，那么整个团体就会是一盘散沙；如果设置了股权激励方案但是没有配套的绩效评估与分级设计，那这套方案就会失去应有的作用。

因此，合伙人制度必不可少的五大要件为：合伙人拥有统一的价值观与发展观；对合伙人的选择和上升通道进行分层；为合伙人设置恰当的股权激励方案；不可或缺的绩效考核机制；退伙机制。

CHAPTER 07
第七章

合伙人制度必不可少的五大要件

7.1 合伙人拥有统一的价值观与发展观

合伙人能够成为合伙人主要有两个原因：一是拥有一个共同为之努力奋斗的事业；二是大家关系好，想要在一起做事。这两种情况成立的前提就是各合伙人拥有统一的价值观和发展观。价值观决定了一个人的自我认知，并直接影响他的人生观、人生目标、做事风格以及为人处世的方法。俗话说，理念决定态度，态度推动行为，行为影响结果。理念在一定程度上就等同于一个人的发展观和价值观。

阿里巴巴的六大核心价值观包括：客户第一、团队合作、拥抱变化、诚信、激情、敬业。客户第一，是因为客户是衣食父母；团队合作意味着共同承担、共同分享；拥抱变化就是勇于面对变化，努力创新；诚信、激情、敬业决定了集团的专业水平和工作态度。阿里巴巴分别对这六个核心的价值观进行了不同的考核，例如是否保持阿里巴巴形象，是否积极协助团队完成任务，是否适应公司日常发生的变化，是否可以客观回应公司问题等。

一般的公司虽然不一定要做这种考核制度，但是在各合伙人之间搭建起统一的（或者相对统一的）价值观和发展观还是非常有必要的。因为统一的价值观如同不灭的灯塔，永远指引着公司发展的方向，也永远指引着为了梦想走在一起的合伙人。

这种统一的想法和理念能够产生巨大的能量，从而渗透公司的各个方面，如事业目标、发展路径、日常运营以及内部文化氛围等，从而最终决定公司的未来。合伙人之间拥有统一的价值观，有助于激发他们的责任感、荣誉感及创新精神。

有劲儿往一处使才能拥有强大的力量。如果说后文的四个要件是影响合伙人制度发展的因素,那么统一的发展观和价值观就决定着合伙人能否团结在一起,产生巨大的向心力。

7.2 对合伙人的选择和上升通道进行分层

对于公司来说，选择合适的合伙人是建立合伙制的第一步。无论是合伙企业、有限责任公司的成立，还是在公司成长过程中引入新的增长活力，合伙人的选择都是成功的关键性因素。它的重要性在于一旦选错了合作对象，那么必然会对合伙事业的发展造成障碍。有时，对合伙人的选择甚至直接决定合伙事业的成败。

在选择合伙人时，应该考虑以下几点：价值观、能力以及道德水平。考虑价值观主要是看各合伙人之间是否拥有统一的发展理念，对事物的看法是否一致或者是否可协调、可商议；考虑能力主要是指该合伙人未来对公司的发展能有多少贡献，具有什么价值；考虑道德则是看一个人是否具备一定的人品，是否可以被信任等。

可以说，选择合伙人的过程是一个筛查人才的过程。在这过程中不可避免地会遇到有短处的朋友：在某方面十分优秀但是有着显而易见的缺陷。对于这种候选合伙人，我们要考虑是否能够接受这种缺陷，这种缺陷是否会对以后的工作产生较大的影响。

除此之外，并不是选好了合伙人就算完了。尤其是对于较大型的企业来说，选定合伙人后还应该对其后续的发展进行分层、分级，也就是对合伙人设置一定的晋升阶梯。其必要性在于如果一家公司只有合伙人和非合伙人之分，那么会对因某一期考核不合格而降为非合伙人的前合伙人造成伤害，导致其出现离职、怠工等情况。另外，如果不对合伙人进行分层，那么对于优秀的员工来说，要么成为合伙人，要么仍为普通员工，前者代表合伙人的门槛较低，后者又对员工缺乏激励作用。

一般来说,合伙人的晋升阶梯可以由低到高分为持股的普通员工、一般合伙人(持有股权比例极小)、核心合伙人(对公司的发展贡献较大、价值较高且持有一定的股权)、永久合伙人(持有较多股权的合伙人或者掌握控制权的创始人)等。具体的分层应视公司的具体情况而定,如果规模较大,可以相应地设置多层级别,从而达到激励合伙人、便于对人才进行管理的效果。

7.3 为合伙人设置恰当的股权激励方案——"8想"

随着互联网经济、电子商务行业的不断发展,股权激励逐渐成为企业家管理企业、创新模式的热点讨论话题。有些风险投资者甚至将是否拥有完善的股权激励方案作为投资条件之一,这足以反映股权激励对公司发展的重要性。

股权激励方案不能盲目设置,也不能胡乱设置。许多人将员工持股直接等同于股权激励,这是不对的。员工持股可以做成股权激励的形式,比如由公司送给员工股份;也可以做成非股权激励的形式,比如由员工全额购买股份。二者在不同的场景下有不同的作用。

很多管理者其实并不是很了解股权激励。之前有一家电子商务公司的管理者想让笔者为其设置一套股权激励方案。他说他想要分出1 500万元的股权份额给员工,但是要员工自己全额购买,公司不会折价也不会为其提供其他优惠。听他讲完他的想法之后,笔者意识到他想做的仅仅是员工持股,员工所持有的股份是要自己全额购买的,这种怎么能叫股权激励呢?因此,一套适合本公司发展的股权激励要真正地落到实处,才能激励员工及帮助管理者实现目的。

具体地说,股权激励就是通过将股权授予员工,使其获得一定的权利,从而作为合伙人参与公司重大事项决定、年度利润分配以及承担相关的风险,目的在于让被激励者能够更加勤勉地为公司长期发展服务。股权激励主要面对的是公司中高级管理人员、核心业务骨干、普通内部工作人员和不断加入的潜在投资者和人才。

当一个公司要想制定一套比较完善的股权激励方案时,通常要考虑几个方面:

①是定向增资还是转让股权。②是否根据这次股权激励建立持股平台，是将持股平台设为有限合伙企业还是有限责任公司；是否找托管机构、银行等金融机构。③本次股权激励分配给激励对象多少股权；价格如何定；资金来源是什么；给激励对象干股还是由激励对象自筹资金；如果是由激励对象自筹资金，那么他是否有意愿、有能力。④本次股权激励以什么方式实现。⑤这次的激励对象是哪些。⑥如何设置持股资格，目前企业有没有相关的绩效评估方案。⑦股权应该在何时发放。⑧退出或收回股权的机制如何设置。

如果想要将股权激励方案落地，还应将上述问题进一步细化。具体的操作应该符合本公司的发展模式和规模。笔者主要就上述问题提供思路性分析。

7.3.1 第一想：是定向增资还是股权转让

举个简单的例子，某公司现有注册资本2 000万元，控股股东持股70%，其他多个股东共持股30%。现在准备拿出10%～20%的股份实施股权激励方案。

如果采取股权转让的方式，那么股权激励的这10%～20%股权来自控股股东，而且该公司的注册资本不会改变，其他股东持有的30%股份也没变。唯一变的就是控股股东的持股比例降低到50%～60%，相当于稀释了控股股东的股权。如果采取定向增资的方式，公司的注册资本从2 000万元增加到2 200万～2 400万元，这样的项目增资率为10%～20%，正好与增资的比例相同。采用这种方法，原各方股东的股权都被稀释。控股股东的持股比例降至58%～64%，其他股东的持股比例降至25%～27%。

若选择以股权转让的方式进行股权激励，则公司的注册资本没有变。所以要想公司升值，可以通过激励对象为公司创造更大的价值。如果做不到这一点，那么控股股东就是最大的受害者，因为只有控股股东的股权被稀释。如果采用定向增资,那么前提是各合伙人都同意该方案,因为这么做会造成各合伙人的股权均被稀释,但好处是公司注册资本会增加,股价会上升。

7.3.2 第二想:是否建立持股平台

规模较大的企业应该更认真地考虑这一问题。根据《公司法》的有关规定,有限责任公司由50名以下股东出资设立,股份有限公司的发起人人数应是20至200人。因此,在企业发展规模较大的时候,要想实现股权激励,建议建立一个或多个股权平台。

常见的两种持股平台是有限合伙企业和有限责任公司(详情见本书第六章第二节)。若控股股东或者其他股东不想承担无限连带责任,那么也可以由投资管理公司、企业投资子公司等法人作为有限合伙企业的普通合伙人。这样操作可以避免作为普通合伙人的自然人离职、死亡或者丧失相关资格和能力等情况的出现导致合伙人身份的改变,从而造成管理不稳定的情况出现。

将有限责任公司设置为持股平台也是可以的,但是仍然有股东人数的限制,当持股人数达到一定的数量后要设置多个持股平台。

7.3.3 第三想:股权激励数量以及资金来源

一般而言,分给激励对象的股权不宜超过股权总数的10%,单人则不宜超过1%。过多地将股权分给员工未必是一件好事,这可能使得自己的控制权被不断稀释,最后失去对公司的控制权。实际执行时,是给激励对象分干股,还是由激励对象自筹资金?若是分干股,则应设置一个比较详细的配股标准;若是由激励对象自己筹集资金,那么应考虑激励对象是否有意向、有能力。

前文提到的让笔者做股权激励方案的管理者是该公司的控股股东,他打算拿出30%的股权给激励对象,资金总量为1 500万元。但是资金需要员工自筹,而且激励对象也很少。这样算下来每个员工基本上都要自筹几百万元来投资入股。这样的方案是很难激励员工的,而且员工是否有意愿、有能力购买也不确定。给激励对象的优惠力度越大越能吸引他们,也能产生更大的黏性,让激励对象为公司创造价值。

7.3.4 第四想:股权激励的具体形式

采用股权激励的方式为激励对象配股的具体方式有很多种,常用的有期权、限制性股权、虚拟股等。

期权是指公司授予激励对象的一种在未来可以期待的权利,持有这种权利的人可以在未来某个特定的时间或某日之前的任何时间,以固定的价格买进或卖出该公司的资产。对于上市公司来说,出售的资产就是本公司流通的股票;对于其他公司来说,则是指公司的股权。是否行使权利是由激励对象决定的,也就是说,到了行权日时,如果激励对象不愿意行使这一权利,则该权利被取消。

限制性股权是在指公司授予激励对象一些公司的股份,并提前制定行使股权的条件(业绩、工作时间等),激励对象只有满足了所规定的条件,才能出售该公司的限制性股权,从中获得收益的一种股权激励形式。在限制性股权的形式下,如果员工不想持股或者离开公司,公司通常会回购该股份,以维持控制权。

虚拟股是指一种虚拟的股权,获得此种股权的激励对象可以凭此获得公司的利润分红或者升值利益,但没有表决权和所有权。一旦激励对象离职或由于其他原因离职,该股权将自动失效。

7.3.5 第五想：激励对象

关于激励对象的选择标准，最重要的一点就是"贡献价值"。无论在什么职位和职级，只要员工对公司的发展所贡献的价值达到某种程度，就可以根据贡献的价值获得相应的股权。一般而言，公司的激励对象主要有中、高层管理人员、业务骨干、核心技术人员、利益相关者和普通雇员。其中，中、高层管理人员和业务骨干是主要人群。

高级管理人员是一家公司的核心团队，掌握着公司的发展方向和实际运营。中层管理人员以及业务骨干、核心技术人员掌握着公司的各种资源，如果他们不在股权激励范围，则会失去对公司的信心，从而造成人才的流失。当公司发展到一定的阶段时，也有可能想对普通员工设置股权激励方案，达到全员持股的状态，这也是可以的。

7.3.6 第六想：获得持股资格的标准或条件

在决定获得持股资格的标准或条件之前，首先要看本公司是否有相关的绩效评估方案。如果有，则可以借鉴整合；如果没有，那么说明该公司的绩效考核工作是很不到位的。做股权激励方案不能离开具体的绩效评估方案，没有衡量标准的激励方案是不公正、不稳妥的，很有可能造成激励对象互生不满。

7.3.7 第七想：股权的发放时间

应该在什么时候发放股权，这是令很多管理者疑惑的问题。有的在公司刚起步的时候，为了稳定团队、凝聚人心会立刻分给激励对象股权，其实这是一种不明智的做法。因为公司刚起步,对这些员工还没有足够的了解,双方也没有经过磨合期,过早地发放激励股权不仅会增加公司的风险,还会增加股权成本。这样做的激励效果不一定会很好,反而有可能适得其反。因此,应该把握好股权的发放时间。当公司的利润达到了一定程度、公司的发展趋于平稳的时候,可以对核心员工、业务骨干发放股权。

7.3.8 第八想:退出机制

股权激励计划有进入机制,就有退出机制。退出机制分为两类:一类针对股权激励计划的终止(调整),另一类针对激励对象的退出(调整)。

股权激励计划的退出机制和约束条件是息息相关的,在确定约束条件的时候,就要考虑如果公司或个人绩效考核不达标,应怎么办;如果激励对象岗位调整(晋升、降职、离职、辞退等),应怎么办;如果公司股权发生了重大变化(兼并、重组、并购)等,又应该怎么办?

股权激励计划终止或调整的原因有两类:一是公司的主体资格出现问题,二是激励对象出现问题。公司的主体资格出现问题又可以分为两种情况:一种情况是公司控制权变更、合并、分立;另一种情况是公司进行股权激励的主体资格出现问题,这一情况主要是针对上市公司而言的。激励对象出现问题则主要是指激励对象出现考核不合格、职务变更、辞职、辞退、退休、合同期满离职、丧失劳动能力离职和死亡离职。

激励对象退出激励计划的原因一般有以下几种。

1.激励对象正常退休或者合同期满离开公司。这种情况下,在股权激励计划中,已经行权的部分归激励对象所有,未实现的部分由公司收回。当然,如果员工离职后被返聘为顾问或者公司为了照顾老员工的利益,尊重有贡献的老员工,未行权的部分可以继续保留。同时，行权条件不再与个人绩效考核挂钩。如果是实股激励，公司是否收回股权，双方在实施股权激励计划之前就要明确，同时，还要签署法律文件。

2. 激励对象辞职或者被辞退而离开公司。这种情况下，一定要参阅双方实施股权激励计划前签署的法律文件，要按契约办事。在股权方面，未行权部分自动作废，已行权部分公司应收回。

3. 员工丧失劳动能力而离开公司。员工因为负伤丧失劳动能力而离开公司的情况有两种：一种是因工负伤，另一种为非因工负伤。虽然相对于前面两种情况，这种情况少一些，但是公司也必须在实施股权激励计划之前签订的法律文件中明确规定这种情形。这种情况的处理原则是：①对因工负伤离开公司的激励对象，公司要优待，同时也要为员工今后的生活考虑。所以，未行权的部分建议继续行权，并且取消个人绩效考核。②对于非因公负伤离开公司的激励对象，除了出于人道主义的考虑以外，公司可以决定将激励对象根据本计划已获授但尚未行权的股票标的物作废，已经行权部分建议公司收回。

4. 员工因死亡而离开公司。员工死亡可以分为因公死亡和非因公死亡，处理时，要参考因工负伤和非因公负伤股权激励标的物的处理办法。与因负伤离开公司相比，员工因死亡而离开公司还涉及一个问题，即股权继承的问题。股权激励的目的是奖励人才，如果员工死亡，意味着人才丧失，建议在股权激励计划中写明：员工死亡，则公司按照事先约定价格将已经行权部分回购，未行权部分公司收回。

5. 因激励对象考核不合格而丧失资格。对于激励对象考核问题，可以从两个层面设计。第一层面，可以在股权激励方案和签署的法律文件中规定，如果考核不合格，相对应的行权比例为"零"。第二层面，可以在股权激励方案和签署的法律文件中规定，如果激励对象连续两次考核不合格，则可以把被考核人从激励对象名单中删除。

对于上市公司来说,《上市公司股权激励管理办法》(以下简称《管理办法》)特别规定了股权激励的细则。《管理办法》第九条规定,上市公司依照本办法制定股权激励计划的,应当在股权激励计划中载明下列事项:①股权激励计划的变更、终止;②上市公司发生控制权变更、合并、分立以及激励对象发生职务变更、离职、死亡等事项时股权激励计划的执行;③上市公司与激励对象之间相关纠纷或争端解决机制。《管理办法》第五十一条规定,上市公司在股东大会审议股权激励计划之前拟终止实施股权激励的,需经董事会审议通过。上市公司在股东大会审议通过股权激励计划之后终止实施股权激励的,应当由股东大会审议决定。律师事务所应当就上市公司终止实施激励是否符合本办法及相关法律法规的规定、是否存在明显损害上市公司及全体股东利益的情形发表专业意见。《管理办法》第五十二条规定,上市公司股东大会或董事会审议通过终止实施股权激励计划决议,或者股东大会审议未通过股权激励计划的,自决议公告之日起3个月内,上市公司不得再次审议股权激励计划。

总而言之,每个公司和合伙企业的发展特性及事业规划都是不同的,同一公司不同时期的发展状况也是不同的。不能照搬他人的股权激励方案,也不能一直用同一种方案,而是应该随着公司的发展而更新方案。股权激励做得好,会为公司留住人才,加速资金池资金的积累;做得不好,会影响各合伙人之间的团结,打击内部员工的积极性。

7.4 不可或缺的绩效考核机制

绩效考核机制指的是对合伙人绩效、贡献的考评制度以及在此基础上决定合伙人股权分红、层级晋升的一整套管理制度。

在人力资源管理过程中,绩效考核是不可缺少的一项制度。员工是否完成了工作任务,公司是否完成了年度业绩指标,都是通过绩效考核来体现的。公司对员工工作绩效进行考核的意图是通过将员工工作成果进行量化,得出员工的平均工作效率,然后有针对性地提高员工的工作效率以达到公司的经营目标。与此同时,绩效考核也是合伙人制度的重要组成部分。

绩效考核方法在广义上分为两种:一种是只针对某一类员工进行考核,另一种是在公司设置统一的绩效考核方法进行全员考核。由于在合伙人制度的框架下,绩效考核的目的在于量化被考核员工的工作,因此在设置绩效考核方法的时候,建议将所有的员工或者潜在激励对象都纳入考核的范围。

一套高效的绩效考核流程应当包括:确定考核周期(决定是以年为单位还是以项目为单位);编制考核计划,建立考核体系;实施考核;统计考核结果以及运用考核结果;修正、改进考核体系,将修正后的考核体系运用到下一次考核中。

7.4.1 确定考核周期

由于进行绩效考核要耗费一定的人力、物力,所以如果考核周期太短,就会降低公司实施考核制度的性价比。但是如果考核周期过长,那么进行反馈和改进的时间也就过长。因此，一项完备的绩效考核制度的周期应该是根据公司的发展方式和运营规模确定的。也不一定要以年或季为单位，如果公司以项目为主进行管理，也可以以项目为单位，实施时段和终端相结合的考核方法。即在工作开展的考核周期，对工作进展的情况进行考核；在完成工作的考核周期，对终端进行考核。总之，应根据公司的具体情况灵活调整考核周期。

7.4.2 编制考核计划，建立考核体系

编制考核计划，建立考核体系需要对公司未来整体性和长远性问题进行考量。各方主体及其考核要点为：作为考核对象的各个职能部门或者项目组及其管理人员，要对纳入编制的工作岗位特性及内容进行描述，从而确定考核的基本要点；中高层管理者要对员工的整体业绩做一个较为合理的预测，制定初始目标；员工的意愿也应该得到充分的考虑。

确定了各方主体以及考核要点之后，就要针对各种考核要点设置明确的工作时间和绩效指标。这个工作的原则是适度超前、分解目标、层层递进。适度超前指的是目前制定的绩效考核指标，应略高于公司当前的业绩，以此来激励考核对象，促进公司绩效提升。分解目标就是把中高层管理人员在根据这一年度的业绩进行分析，得出结果后确定的初步目标，再分配给各项目组、职能部门和个体。层层递进就是压力传递。俗话说，井无压力不出油，人无压力轻飘飘。但压力太大也会产生消极影响，因此绩效目标的设置人员应该掌握"超前原则"的适用情况，留下让考核对象发挥的空间。如果每期满足绩效考核条件的员工非常少，甚至没有，就说明该绩效指标设置过高；如果大部分考核对象都达到这个目标，那么整个绩效值就设置得过低，起不到激励的作用。此时，就应该对绩效考核制度进行更新，针对公司的发展情况做出适度的调整。

除此之外，在设置指标时，可以根据指标的重要性由低到高设置不同的权重，这样绩效考核结果能更准确地反映该考核者的价值以及其对公司做出的贡献。

7.4.3 实施考核

实施考核最重要的就是考核者是否能公平公正地记录考核情况，是否能够最大限度地真实反映考核对象的工作完成情况。对于这一点，公司应该尽量避免任人唯亲和内部出现多个"小团体"的情况，应尽量削弱劣质"办公室文化"对绩效考核的影响。

7.4.4 修正、改进考核体系，将修正后的考核体系运用到下一次考核中

在修正、改进考核体系时，应该对本次绩效考核做出评估，考察其是否相对客观地反映了考核对象的工作情况。如果没有，则寻找原因。找到原因后对相关指标做出调整，进行新一轮的修改。

上述是大致的绩效考核流程，其中重要的是将绩效考核与合伙人制度进行结合。

公司在选定了绩效考核制度之后，就可以开始考虑如何将考核结果与合伙人制度进行结合（可以将二者同时进行）。根据前文所述，在将二者有机结合的过程中还应考虑公司内部的股权激励方案以及为合伙人设置的上升通道等相关的配套措施。

上述四个要件说起来容易，但是据调查，实务中公司通常做不到全部具备。要么是合伙人没有统一的价值观与发展观，经常为了公司事务而发生矛盾，最终致使公司的经营管理无法继续；要么是没有对合伙人设置相应的晋升通道；或者

设置了股权激励方案但是没有配套的绩效考核制度。缺少任意一个要件都会对合伙人制度的正常运行造成阻碍。因此，创始人及想成为合伙人的人在创立或加入公司时，应该制定或检查一个公司的合伙人制度体系是否完备。

7.5 退伙机制

许多创始人在创业初期,经常会忘记设置一套有效的退伙机制,直到企业发展起来之后,或者有合伙人要退出的时候才想到企业根本没有明文规定如何退伙。本节主要讲述合伙人制度下企业设置退伙机制的必要性以及如何设置退伙机制。

7.5.1 设置一套完善的退伙机制的必要性

企业在发展的过程中总会遇到核心人员退出的问题。创始人应该要考虑核心人员退出时应如何处理,如果该核心人员是合伙人,那又该如何处置他的股权。设置一种既不会伤害退伙合伙人,又维护公司利益的退伙机制尤为重要。一套完善的退伙机制不仅要有,还要提前设置。

首先,一套完善的退伙机制可以维护合伙人的利益。此处的合伙人不仅是指退出者,还包括其他仍然在企业中的合伙人。如果没有一套完善的退伙机制,则很难处理好退出者的股权。

其次,一套完善的退伙机制可以体现企业的人文情怀、维护企业的形象。合伙人退伙,可能是因为已经无法和企业相处了。因此,提前设置一套完善的退伙机制,可以避免争议。

最后,一套完善的退伙机制可以为企业预防风险。部分合伙人的退出对于企业来说是一种损失。如果没有退伙机制,那么企业可能遭受资金链断裂等风险。

上述情况说明设置一套完善的退伙机制的必要性。一般来说,设置一套完善的退伙机制的较好时机是在企业刚成立的时候，其次是在企业运行过程中的任何时候。要提前设置好退伙机制，约定好合伙人在什么时候可以退出、以何种方式退出以及退出之后的结果。

7.5.2 不同的企业形式适用不同的退伙方式

合伙人能够在企业中分享利润和福利，是因为他们对企业有贡献和价值。一旦合伙人要退出，并且未来不会为企业创造任何价值和贡献，就应考虑如何退伙。有限责任公司、股份有限公司和合伙企业适用不同的退伙方式。

对于合伙企业来说，根据《合伙企业法》（2006年8月27日修正版）的规定，退伙的方式有5种，包括协议退伙、声明退伙、当然退伙、除名退伙以及法定退伙。

协议退伙指的是在合伙企业存续期间，当合伙协议约定的退伙事由出现，或经全体合伙人一致同意，或发生合伙人难以继续参加合伙的事由，或其他合伙人严重违反合伙协议约定的义务，则合伙人可退伙。但是如果合伙协议中没有合伙期限的约定，那么合伙人在不对企业的事务造成任何不利影响时，也可以退伙，但应提前30日通知其他合伙人。如果由此造成损失，合伙人应该赔偿损失。

声明退伙是指合伙人单方面要求退出合伙企业的行为。这种退伙方式的法律风险很大。因为这种方式下企业和其他合伙人毫无准备，并且有可能引起争议和纠纷。

当然退伙指的是作为合伙人的自然人已经死亡，或被依法宣布死亡，或者个人已经失去偿债能力，或作为合伙人的法人或其他社会组织被依法吊销营业执照、责令关闭、撤销，或依法被宣告破产等多种让合伙人丧失合伙资格的情况出现时，合伙人就当然地丧失了合伙人的资格。

除名退伙指的是合伙人没有履行出资义务，或因故意、重大过失给合伙企业带来损失，或在执行合伙事务时有不正当行为，企业因此向该合伙人提出除名决定。对合伙人作出除名决定应当书面通知被除名者。被除名者接到除名通知日，除名生效，被除名者退伙。被除名者对除名决定有异议的，可自接到除名通知之日起30日内，向人民法院提起诉讼。

法定退伙，也称为强制退伙，是指非基于合伙人的意思表示，而基于法律规定或者法定事由发生的当然退伙。法律规定或法定事由包括合伙人死亡或被依法宣布死亡、被依法宣布为无民事行为能力的人等（其中包括当然退伙和除名退伙）。

退伙时，其他合伙人应该与退伙人按照退伙时的合伙企业财产状况进行财产结算，退还该退伙人的财产份额。退伙人依法应对其给合伙企业造成的经济损失承担赔偿责任的，相应扣减其应自行承担的损失赔偿数额。如果在退伙期间，退伙人存在没有及时了结合伙企业的经营事务的，则应在该合伙企业事务结清后进行退伙结算。退伙人在合伙企业中财产份额的退还办法，由合伙协议约定或者由全体合伙人协商决定，可以退还货币，也可以退还实物。

有限责任公司和股份有限公司中"合伙人"的退出则没有上述法律规定，这两种企业中的合伙人可以选择任意的退伙方式。比如对于持股员工来说，可以选择离职持股和离职退股；对于创始人以及持有较多股权的中高层管理者来说，则可以选择转让自己的股权，或者要求公司进行回购；而对于单纯的投资人，则可以选择按照公司的市值进行溢价或者折价回购。

7.5.3 如何设置一套完善的退伙机制

一套完善的退伙机制应该涵盖以下几个要点：①对合伙人的身份、退出的原因进行区分；②对不同的合伙人、基于不同原因退出的合伙人设置不同的退出结算方式；③约定退出的步骤。

首先，我们将合伙人的身份分为两种。一种是进行工商登记、持有企业股权的合伙人；另一种是没有进行工商登记、缴纳了合伙金的合伙人。这两种合伙人，在退出的步骤以及享受的待遇上应该是有所不同的。

其次，针对不同身份、基于不同原因退出的合伙人设置不同的退出结算方式。从合伙人角度，退出的原因主要有三种：主动退出、被动退出以及客观退出。主动退出是指合伙人主动提出退出企业。被动退出是指合伙人的能力达不到企业的要求，经双方协商后退出或者由于外力不能继续在企业工作。客观退出是指不由合伙人主动提出，而是由于客观原因不能继续在企业工作而退出的情况，包括负伤丧失劳动能力（因公或因私）而不能继续工作、退休而不能继续工作、死亡等情况。

最后，约定退伙的步骤。其主要包括约定退出的时限、身份变更的法律手续办理，以及后续事务的处理。一般情况下，约定合伙人应当在处理完手头的工作后才可以退出，否则给企业造成损失的应当如数赔偿，只有这样才能最小化退伙对企业造成的不利影响。除此之外，还可以对持股的中高层管理者以及核心业务骨干约定竞业限制以及保密条款等。

本书将合伙人退伙的方式分为三种，分别是回购退出、股权转让退出及IPO上市退出。

1. 回购退出。回购退出即合伙人在退出合伙企业后由企业回购其所持有的股份。创业过程中会出现各种各样的情况，因此合伙人之间应该提前签订好《股权回购协议》，以便退伙时处理股权。

创始人股东离职时，对于成熟的股份，公司以回购价格进行回购，对于未成熟的股份，公司无偿收回（或者以象征性价格回购）。关于回购价格，一定要在《股权回购协议》里加以明确，否则日后可能会产生争执。通常可以按照三种方式来规定回购价格。

（1）约定年利率。即无论企业业绩怎么样，都要按照约定年息来兑现。如果企业每年盈利很高，则离职合伙人不太愿意，会觉得自己卖亏了；如果企业亏损，离职合伙人比较容易接受，毕竟自己没有遭受任何损失。

（2）净资产。即按照退伙时企业的净资产来计算合伙人退伙时的股权价格，这种方法用于股权激励员工可能有效。如果员工入伙时按照以净资产计算的价格买入股权，离职的时候也按照以净资产计算的价格卖出股权，则是比较公允的。但如果企业正处在盈利状态，则采用这种方法计算股权价格对合伙人有失公允，因为没有考虑到净资产未来会创造更大价值。

（3）最近一轮融资评估价格的折扣价。如果企业近期有融资行为，则应以融资价格为基础，然后以折扣价格回购股权。以企业最近一轮融资估值的折扣价回购股权，折扣通常在 1/15 ~ 1/3。这个区间比较大，操作时较难把握。

对于股权回购来说，重要的是保证合伙人离开时不将股权带走，以确保企业能够回购股权，并将其用于股权分配和股权激励，以减少股权控制风险。对于企业而言，还应考虑股权价格，同时还必须考虑合伙人对企业的历史贡献。

在处理股权回购时，要注意分期付款。回购股权时，采取分期付款的方式会减少回购合伙人和企业的资金压力；另外，如果离职合伙人签署了《竞业禁止和商业保密协议》，分期付款也能够对企业利益起到一定的保护作用。是否分期付款以及分期付款的利息率，都要写入《股权回购协议》，目的是减少谈判摩擦，保护离职合伙人的利益。

对于经过工商登记、持有企业股权的合伙人来说，在其退出后一定要到工商部门进行变更登记。对于未进行工商登记的合伙人，可以以最初缴付的合伙金为基数回购，但无须进行工商变更登记，只需在企业内进行业务操作。

2.股权转让退出。这种退出方式通常只适用于进行工商登记的合伙人。对于那些在持股平台上持有企业股权的普通雇员来说，他们所持股权通常不允许转让，在他们离职或退休之后，企业会自动收回他们的股份。因此，转让股权退出企业的做法并不适用于这类主体。

3. IPO 上市退出。IPO 上市退出是指风险投资公司在证券市场首次向社会公众发行风险企业的股票，风险投资者通过被投资公司的上市，将其拥有的私人权益转换为公共股权，在市场上获得投资收益，从而实现资本的增值。但这种退出方式受资本市场成熟程度的限制较大，也不适合于合伙企业的合伙人，因此有一定的局限性。

CHAPTER 08
第八章

合伙人制度的风险防控

许多企业创始人在企业创立初期，会遇到各种各样的法律问题。这些问题小到签署协议，大到公司章程的制定，稍不留心，就会导致法律风险。例如企业未按工商局规定编写公司章程，那么可能出现公司章程不够严格、规范甚至违背法律的问题；再如股东未在约定出资期内实缴到位，或在投资之后抽逃出资；再如出现股东私自对外提供担保等危及企业经营的问题。

上述法律风险只是冰山一角。正是因为有这么多潜在的风险点，所以有必要跟大家聊一聊合伙人应该如何进行法律风险防控。

8.1 出资纠纷

合伙人入伙或创始人创办公司，可能会遇到出资纠纷。出资纠纷主要是指合伙人没有按照合伙协议或者股东没有按照公司章程按时履行全部出资义务而产生的纠纷。这种情况在实务中是十分常见的，因为部分股东/合伙人虽然已签署公司章程或合作协议，并且办理了工商登记，但是当要履行出资义务时，又会找各种借口。

【案例】

2012年9月，刚成立的天地公司是一家由A和B两个股东组成的规模不大的有限责任公司，注册资本为1 000万元人民币。两位股东分别出资800万元人民币和200万元人民币。三年后，随着公司业务的不断发展，两位股东决定对外融资。因此，2015年12月引入另一位股东C，天地公司的注册资本也因此增加到8 000万元。但是，股东C在验资完成成为天地公司的股东不久后，就私自把自己出资的7 000万元资金转出。

《最高人民法院关于适用〈中华人民共和国公司法〉若干问题的规定（三）》（2014年2月17日修正）第十二条规定：公司成立后，公司、股东或者公司债权人以相关股东的行为符合下列情形之一且损害公司权益为由，请求认定该股东抽逃出资的，人民法院应予支持：（一）制作虚假财务会计报表虚增利润进行分配；（二）通过虚构债权债务关系将其出资转出；（三）利用关联交易将出资转出；

（四）其他未经法定程序将出资抽回的行为。第十三条规定：股东未履行或者未全面履行出资义务，公司或者其他股东请求其向公司依法全面履行出资义务的，人民法院应予支持。因此，案例中股东C将出资款项转入公司账户验资后再转出的行为是违法行为，公司或者其他股东有权向人民法院提起诉讼，要求股东C向公司依法全面履行出资义务。

天地公司的两位创始人得知股东C的行为后，首先给股东C发了催告返还抽逃出资的函，要求股东C立即把抽逃出资的款项全部转入公司，但股东C并没有理睬他们。随后，天地公司召开了临时股东会，提案取消股东C的股东资格。两票赞成，占总股数的12.5%，占出席会议有效表决权的100%；一票反对，占总股数的87.5%，占出席会议有效表决权的0%，提案通过。但股东C拒绝签署股东会决议，认为这一决议是无效的。

为了保护公司的利益，天地公司将股东C告上法庭。《最高人民法院关于适用〈中华人民共和国公司法〉若干问题的规定（三）》（2014年2月17日修正）第十七条规定：有限责任公司的股东未履行出资义务或者抽逃全部出资，经公司催告缴纳或者返还，其在合理期间内仍未缴纳或者返还出资，公司以股东会决议解除该股东的股东资格，该股东请求确认该解除行为无效的，人民法院不予支持。这次融资以股东C败诉和退出天地公司告终，天地公司也办理了减资程序。

可以看出，即使有公司章程和合伙协议的约束，在寻找合伙人时也要慎重考虑。保险的做法是在潜在合伙人入伙之前对其人品以及诚信问题进行一定的调查，尽可能地避免法律风险和纠纷。

【案例】

股东a、b、c于2010年11月联合制定了《金路峰公司章程》，该章程载明：公司经注册机关批准登记，取得法人资格，公司的出资额与注册资本为300

万元，其中货币为 100 万元，实物为 200 万元；公司是由股东 a、b、c 出资成立的。2011 年 1 月，会计师事务所进行验资，并出具报告书，该报告书指出：截至 2010 年 12 月，金路峰公司已收到 100 万元的股东货币，200 万元的实物资产。金路峰公司于 2010 年 12 月注册成立并取得营业执照，注册资本为 300 万元，该公司属于有限责任公司。

2015 年 10 月 18 日，三股东为甲方、开宇公司为乙方、金路峰公司为丙方签署了股权转让协定。协议的内容是：①甲方所持 100% 的股权转让价为 280 万元。②从本协议生效日起甲方将其持有的丙方 100% 股权转让到乙方，甲方保证协助乙方提供股权更改工商注册备案和其他报批手续需要的文件。③自本协议正式生效日起 10 日内，乙方向甲方支付股权转让费 200 万元，剩余的转让款项在 2015 年 12 月 31 日之前全部支付。甲方应向乙方出具有效证件或发票。甲方保证其转让的股权真实有效且不受任何抵押、质押和第三人的追索，否则甲方将承担由此导致的所有经济、法律责任。协议签署后，三股东与开宇公司申请了企业证照和股权变更登记。

在履行交接手续的过程中，开宇公司在金路峰公司的资产负债表中发现，2010 年至 2015 年，金路峰公司实收资本均为 225 万元，与资产负债表反映的 2010 年度公司实收资本 300 万元相比，减少 75 万元。三股东的这种行为是属于虚假出资还是抽逃出资呢？

事实上，抽逃出资和虚假出资都是《公司法》明令禁止的违法出资行为，但两者在发生的时间、行为形态等问题上存在差异。抽逃出资是在公司建立后发生的，而虚假出资是在公司建立之前发生的。抽逃出资股东原已履行其出资责任，随后采用违法手段全部或部分撤回其缴出的资金。虚假出资股东自始至终未足额出资。因此，金路峰公司未经法定程序减资，实收的资本金一直没有得到补充，符合《最高人民法院关于适用〈中华人民共和国公司法〉若干问题的规定（三）》第十二条之规定，应确认三股东为抽逃出资者。三股东因出资不当、转移财产等行为，对公司负有侵权责任。

即使三股东将其所持股权全部转让给开宇公司，但根据《最高人民法院关于适用〈中华人民共和国公司法〉若干问题的规定（三）》第十四条的规定，股东抽逃出资，公司或其他股东请求其向公司返还出资本息，协助抽逃出资的其他股东、董事、高级管理人员或实际控制人对此承担连带责任的，人民法院应予支持。对此，人民法院应判决三股东对抽逃出资承担连带责任，并且还应对抽逃出资额度内的债务承担连带赔偿责任。

由此可以看出，作为股东，出资的责任与义务不是短暂的。若股东没有根据公司章程、工商登记所记载的数额在规定时间内出资，那么很有可能会出现虚拟出资的问题；若为了掩人耳目，在验资后又将出资以各种方式抽出，那么很有可能构成抽逃出资。无论是虚拟出资还是抽逃出资，都会加重该股东的负担，使得"有限责任"不再"有限"。

8.2 股权代持的法律风险

许多合伙人和股东为了不在工商注册时明示身份，通常选择由他人为自己代持股，也就是所谓的股权代持。股权代持又名委托持股、隐名投资和假名出资，主要是指隐名出资者与显名股东约定以显名股东的名义出资给目标公司，显名股东代隐名出资者持有目标公司的股份，并依法行使有关隐名出资者的股东权利、履行股东义务的一种股份处置方式。

这种做法可以帮助隐名出资者达到一定的目的，但其弊端和法律风险也很大。第一，股权代持协议有被认定为无效的法律风险；第二，可能导致显名股东恶意侵犯隐名出资者的权益；第三，隐名出资者可能因为未经公示而无法向目标公司主张股东的权利；第四，显名股东的债权人对显名股东强制执行股权的风险；等等。

▶ 【案例】

李某是云×公司的创始人和实际控制人，去世后其妻王某继承了李某名下的全部股权。随后王某与张某签订《股权代持协议》，约定由张某代王某行使股东权利，随后做了工商登记，将张某变更为股东。

2018年6月2日，张某在未告知隐名出资者王某的情况下，私自与C公司签订了《股权转让协议》，协议约定张某将其持有的云×公司20%股份以300万元的价格转让给C公司。随后张某与C公司到工商局办理了变更登记。作为隐名出资者的王某得知此事后，立即向人民法院起诉，请求确认显名股东张某与C公司签署的《股权转让协议》无效。

在本案中，显名股东张某代为持有隐名出资者王某所有的云×公司20%的股权，并在未与王某商定的情况下，擅自与第三方签署了《股权转让协议》，严重损害隐名出资者王某的合法权益。将张某登记为显名股东，为他恶意转让股权提供了机会。因此，股东或者合伙人在投资公司或入伙合伙企业时，建议以自己的名义出资并经过工商登记。

除存在被恶意转让股权的风险外，隐名出资者王某和显名股东张某签订的《股权代持协议》的效力也是不确定的。根据《公司法》和相关的司法解释的规定，如果合同存在《中华人民共和国民法典》规定的关于合同无效的情形，则双方签订的合同可以认定为无效合同。

▶【案例】

2016年8月，A公司（甲方）和柳林（乙方）签署了一份《代持股协议书》，约定：鉴于2013年1月，甲乙双方及丙方共同签署《合作协议》《公司并购协议》，乙丙双方将其持有的B公司股份全部转让给甲方。为便于办理相关证照、资质及更名工作，甲方委托乙方代为持有B公司10%的股权。为明确双方权利义务，甲乙双方签订《代持股协议书》：①为便于相关证照、资质的办理及更名，甲方委托乙方为其代持B公司10%的股权，乙方所代持的股权只为了便于乙方以股东身份办理《合作协议》《公司并购协议》履行过程中相关证照、资质及更名工作，除以股东身份办理相关证照、资质及更名外，在代持股期间乙方不享有并不得行使任何股东权利，也不承担任何实质意义上的股东义务和责任。②为办理乙方代持10%股权而向工商、税务等部门出具的相关文件（包括但不限于《股东会决议》《股权转让协议》等），非甲乙双方真实意思的表示，也无实际的股权交易和任何现金交割，不得作为乙方及任何第三方作为权利诉求、法律诉讼的依据。

2017年3月,人民法院在执行其他案件的过程中,依据相关的执行裁定冻结了乙方持有的B公司10%的股权。其后,A公司对该法院作出的执行裁定提出异议。该法院依法组成合议庭进行审查后于2019年9月作出执行裁定,驳回了A公司的异议请求,A公司遂提起诉讼。

一审法院查明,根据B公司《企业信用信息公示报告》,柳某持有该公司10%的股权。根据双方当事人的诉辩主张,该案争议的主要焦点是A公司对本案涉股权是否享有排除执行的民事权益。《公司法》第三十二条第三款规定:公司应当将股东的姓名或者名称向公司登记机关登记;登记事项发生变更的,应当办理变更登记。未经登记或者变更登记的,不得对抗第三人。由于B公司在工商行政管理机关的登记信息对外有公示效力,从B公司工商登记资料可以看出,柳某持有B公司10%的股权,显示该股权是柳某所有。虽然A公司提出该股权由其受让后委托柳某代为持有,但其与柳某签署的《代持股协议书》只在双方之间有法律效力,对外没有公开的效力,也不能对抗第三人,因为合同、协议虽具有相对性,在没有经过公示、备案、公证等情况下,只对合同双方产生效力,不具有对公及对抗善意第三人的效力。因此,A公司不能以其与柳某的代持股关系排除人民法院的执行行为。最终,法院判决驳回A公司的诉讼请求。

在股权代持中,隐名出资者最大的风险就是其股权被显名股东转让或者显名股东自己的问题导致股权被冻结、执行等。显名股东滥用经营管理权、表决权、增资优先权等案例更是数不胜数。而股东或合伙人进行工商登记的意义在于更好地保护自身的合法权益。总之,股权代持风险很大,应用时要谨慎!

8.3 对赌协议与股权回购的法律风险

合伙人加入目标公司时,由于不能确定投资是否能获利,因此投资方和融资方在签订合作协议后,为解决交易双方关于目标公司未来发展的不确定性问题通常会签订对赌协议。协议内容包括股权回购的界限、条件以及如何回购等。

根据《第九次全国法院民商事审判工作会议纪要》,订立对赌协议的形式有投资方与目标公司的股东或者实际控制人"对赌",投资方与目标公司"对赌",投资方与目标公司的股东、目标公司"对赌"等。对于投资方与目标公司的股东或者实际控制人订立的对赌协议,如无其他无效事由,认定有效并支持实际履行。但投资方与目标公司订立的对赌协议是否有效以及能否实际履行,存在争议。在审判时主要依据以下几个原则。

首先,在投资方与目标公司订立的对赌协议不存在法定无效事由的情况下,目标公司仅以存在股权回购或者金钱补偿约定为由,主张对赌协议无效的,人民法院不予支持;但投资方主张实际履行的,人民法院应当审查是否符合《公司法》关于"股东不得抽逃出资"及股份回购的强制性规定,判决是否支持其诉讼请求。其次,投资方请求目标公司回购股权的,人民法院应当依据《公司法》第三十五条关于"股东不得抽逃出资"以及第一百四十二条关于股份回购的强制性规定进行审查。经审查,目标公司未完成减资程序的,人民法院应当驳回其诉讼请求。最后,投资方请求目标公司承担金钱补偿义务的,人民法院应当依据《公司法》第三十五条关于"股东不得抽逃出资"和第一百六十六条关于利润分配的强制性规定进行审查。经审查,目标公司没有利润或者虽有利润但不足以补偿投资方的,人民法院应当驳回或者部分支持其诉讼请求。今后目标公司有利润时，投资方还可以依据该事实另行提起诉讼。

可以看出人民法院对对赌协议纠纷案件的审理，既要坚持鼓励投资者对实体企业，特别是科技创新企业进行投资以缓解企业融资难的问题，又要坚持资本维持原则以维护股东的合法权益，依法平衡投资方、公司债权人和公司之间的关系。

但是合伙人或者公司提前预防由对赌协议以及股权回购产生的法律纠纷是十分有必要的。

【案例】

2012年7月，李某与立×公司签订《定向增资协议书》及具有股权回购内容的《补充协议书》，约定李某通过增资入股的方式向立×公司投资500万元。《补充协议书》里明确约定："如增资满5年（以工商变更登记日期为准）立×公司仍未能上市，则李某通过本次增资所持有的股权按投资成本加算同期银行贷款利率的价格由立×公司进行回购或公司股东按李某的投资成本加算同期银行贷款利率的价格购买李某的股权。"

李某于2012年7月（注：工商注册日期）增资立×公司，至2017年7月增资已满5年，立×公司并未上市。后根据上述协议，李某向原全体股东及立×公司提出股权回购要求，未果。最终只能通过诉讼的方式解决纠纷。

在本案中，李某和立×公司签署的《定向增资协议书》和具有股权回购内容的《补充协议书》是一份对赌协议。"赌"的内容是在定向增资5年后，目标公司是否可以上市。对赌的形式是投资方与目标公司的股东、目标公司进行"对赌"。在李某提出实际执行对赌协议时，如果其符合《公司法》关于"股东不能抽逃出资"和股份回购的强制性规定，则人民法院有可能判决支持其诉讼请求。

这种失败的对赌协议对于李某来说，没有从加入立×公司获得长远的收益；对于接受投资的立×公司来说，没有达到上市的目标，融资的计划也失败；对于原股东来说，"被迫"受让了李某的股权。在此次"对赌"的过程中没有受益者，各方都是失益者。

因此，无论是准备加入目标公司的新合伙人，还是接受入伙的目标公司，都应该慎重考虑对赌协议以及股权回购条款的设置，预防由对赌协议以及股权回购可能产生的法律风险。

8.4 财产归属的法律风险

企业合伙人出资的形式是多种多样的。无论是货币、实物出资，还是相关的权利以及劳务出资（只限于合伙企业），都是法律允许的。但是，不同出资方式产生的法律效果是不一样的，同时，并不是所有合伙人出资的财产都是合伙人共同拥有的财产。因此，应特别关注财产条款。

第一，以货币和实物出资的财产，属于合伙人的共有财产。对于货币来说，自交付给企业后即为合伙人共有财产；对于出资实物来说，如需办理登记，则应在进行出资的同时办理其所有权的变更，实物只有在变更后才是合伙人的共有财产。根据法律规定，在转让所有权之前已经把实物移交给企业的，出资时间可以在办理相关所有权转移手续后追溯到将实物移交公司之日（例如，合伙人甲用房屋出资成立企业，其在2019年已将房屋移交给企业使用，但2020年才办理房屋的产权变更手续，完成后，该合伙人的出资时间可视为将房屋交付企业使用之日），但在未完成产权变更登记和追溯前，实物的归属问题不能与其他善意的第三人对抗，也就是说实物的归属仍然存在法律风险。因此，合伙人一旦决定以需要办理产权变更登记的实物出资的，应当尽快办理手续，以免出现争执。

第二，有些合伙人以房屋使用权或土地使用权进行出资，所以各合伙人享有的是对该类实物的使用权，并非所有权；对于出资的劳务和技术等非财产性权利，虽然可以进行价值评估，但不能成为合伙人共同拥有的财产；以知识产权等出资的合伙人，还应将合同送至相关部门审批和备案。

对财产进行登记、备案，可以了解该财产是否存在其他权利、这些权利是否会影响企业对该财产的支配以及该财产是否有产权归属纠纷。

【案例】

程某与朱某于2017年10月签订了《企业入资合伙协议》。协议约定：程某、朱某自愿合作经营A企业，朱某在2017年11月向A装饰公司投入资金16万元以及其所有的位于天池广场A座的一间仓库。两合伙人依法组成合伙企业，在合伙期间合伙人出资的财产为共同财产，不得随意分割。2017年11月，朱某将其仓库交付给A企业使用，但并没有办理产权变更登记。2018年3月，朱某擅自将该仓库转让给贾某。

虽然该仓库已经由朱某于2017年11月交付给A企业使用，但是由于没有办理产权变更登记，因此该仓库的所有人仍为朱某，朱某仍然有权对其进行处置。而善意第三人贾某，不能预见这种情况，朱某对仓库仍然拥有权利。因此，该仓库应该由贾某所有。

以上案例的结局就是企业不及时进行产权变更登记造成的，A企业不仅应该将该仓库交付给贾某，还应该追究朱某未按时足额出资的责任。总的来说，企业应该及时对合伙人的出资财产进行登记和备案，了解该财产的权利状态，合伙人也应该积极配合完成相关的手续。

8.5 合伙企业中各合伙人关于事务管理的法律风险

合伙企业不同于有限责任公司和股份有限公司。强调人合属性的合伙企业处理事务主要依靠合伙人之间的相互信任、协作与商议，意思自治的原则表现得更加明显；而强调资合属性的企业则主要以资源为基础处理事务。因此，许多合伙企业对企业事务的管理不够严格和细致，造成了合伙人之间出现互相推诿和争权夺利等情况。

合伙企业中的事务执行人（普通合伙人）可以对外代表企业，不同于有限合伙人，事务执行人在执行事务过程中有同业竞争、自我交易等限制。例如，A为天明工厂（普通合伙企业）的事务执行人，他同时又成立了一个自己的公司，该公司主营业务与天明工厂重合。这就形成了同业竞争。又如B在一家从事汽车零部件加工的普通合伙企业担任事务执行人，在执行事务的过程中，B将自家使用的零部件转手出售给合伙企业。这就构成了自我交易。而由于有限合伙人只投资不经营业务，所以一般没有上述限制，他们督促事务执行人尽职负责地履行自己的义务，从而维护自己的利益。

合伙企业之所以能够建立，是因为合伙人彼此信任，因此相较于公司制企业，法律赋予合伙企业中合伙人更大的意思自治空间。因此在选择成立/加入公司或合伙企业的时候，可以考虑这一因素。

▶ 【案例】

甲、乙、丙、丁四人共同投资设立了一家普通合伙企业，合伙协议约定：由甲、乙执行合伙企业事务，丙、丁不得过问；由此产生的利润和损失由四人共同承担和分配。后在执行事务的过程中，为提高管理水平，甲决定聘请戊担任合伙企业的经营管理人员。因该企业发展得不错，乙也打算让其朋友田某入伙。在征得甲的同意后，乙安排田某参与合伙事务。

案例中合伙协议以及各合伙人的做法是不符合我国法律规定的。依照我国法律的规定，普通合伙企业中的合伙人应当共同经营合伙事务、共担风险。合伙协议约定的丙与丁不得过问合伙企业事务损害了丙与丁的基本权利。甲寻找经营管理人员的做法也违反了《合伙企业法》第三十一条的规定：除合伙协议另有约定外，聘任合伙人以外的人担任合伙企业的经营管理人员应当经全体合伙人一致同意。最后，对于田某的入伙，属于效力待定的情况。如果各合伙人追认田某的入伙，则此行为有效。

因此，选择创立或者加入合伙企业的投资人应该事先充分了解相关法律法规，否则，很有可能做无用功，甚至造成自己的权利在无形中被剥夺的后果。

8.6 股东股权转让中的法律风险

股权转让是合伙人行使股权的一种重要途径，无论是现有合伙人对外转让自己的股份，还是外部合伙人想要通过股权转让加入公司，都潜藏许多法律风险。目前，股权转让运用得越来越广泛，由此产生的纠纷在公司诉讼中的比例也越来越高。究其原因，主要是各合伙人不了解随意转让／受让股权带来的法律后果。

《公司法》对有限责任公司的股东转让股份是有明确的规定的。比如：有限责任公司的股东之间可以相互转让其全部或者部分股权；股东向股东以外的人转让股权，应当经其他股东过半数同意；公司为公司股东或者实际控制人提供担保的，必须经股东会决议；等等。

▶ 【案例】

杨某系小石公司创始人之一，于 2020 年 5 月 6 日变更登记为该公司法定代表人。小石公司全体股东于 2016 年 1 月 25 日制定的《公司章程》第二十五条明确约定："股东向股东以外的主体转让股权，应当经其他股东过半数同意。股东杨某持有的 40% 的股权不得对外转让，若该股东不想持有股权，则由公司内部股东接受。"同时约定，"本公司股东转让股权，应当先召开股东会"。

2018 年 2 月 12 日，杨某和于某签订了《股权转让协议》。该协议约定："由杨某将其持有的小石公司 3.5% 的股权转让给于某；股权转让价款为 595 万元。当事人双方经过协商同意变更或解除本协议的，可变更或解除本协议，但双方需签订变更或解除协议书"。签订上述《股权转让协议》后，于某按约支付了股权转让款 595 万元。

2019 年 10 月 10 日，杨某和于某以及小石公司三方签订了《解除协议》。协议载明："因经于某提出，杨某表示目前难以按照《股权转让协议》之约定立即将于某登记为工商备案股东，现经双方友好协商，依据《股权转让协议》的约定，达成如下协议。考虑到自《股权转让协议》签署后至今，目标公司及其子公司资产及商业估值都有明显提升，双方同意杨某应分期向于某指定账户足额支付合同解除金人民币 1 200 万元（具体分期方式略）。《股权转让协议》解除后，于某不再享有并承担标的股权的权益及义务，杨某不再代表于某行使股东权利。如杨某未按照约定及时且全额向于某支付任何一期合同解除金，则后续各期合同解除金一并立即到期，杨某应当立即全额支付全部剩余的合同解除金。任何一期合同解除金出现逾期的，每逾期一日，杨某应按照 1 200 万元扣除已支付款项后剩余全部未付款项的千分之一（1‰）向于某额外承担迟延履行违约金，直至所有合同解除金和违约金均支付完毕。此外，目标公司同意为本协议项下杨某所有的责任承担不可撤销的连带保证责任，目标公司的担保期限为自主债务（或义务）确立之日起五年。杨某承诺并确保目标公司同意并签署本协议，且在此后均不会就此担保提出任何法律效力上的质疑。"在该协议落款处，有于某和杨某的签名捺印以及小石公司的公章。随后，杨某按约向于某支付了第一期合同解除金 600 万元，但未按约支付第二期合同解除金 300 万元。于某遂于 2020 年 3 月提起诉讼，并且申请诉讼财产保全，提供了诉讼财务保全责任保险保单。

本案共有两个争议焦点。一是《股权转让协议》和《解除协议》的效力；二是《解除协议》中涉及小石公司的连带保证责任条款的效力及小石公司是否应承担责任。

关于争议的第一个焦点，案例涉及两份协议的效力问题。原告于某和被告杨某签署了《股权转让协议》，双方就股权转让达成的意思表示都是真实的，并不违背法律和行政法规的规定，也不违背公序良俗，该协议应有效。虽然按照小石公司章程，被告人杨某不得对外转让股权，但一方面公司章程只是公司内部的规范，只能限制和规定公司的内部管理、经营行为，而不能限制公司外的人员，其对股东权利的限制不影响股东对外签署的合同效力。另一方面，如果公司章程限制导致股权转让最终不能履行，则应由股权转让人承担违约赔偿责任，而不可据此否定《股权转让协议》的有效性。事实上，案例中涉及的《解除协议》的订立，即因于某不能被登记为工商备案股东，而由各方协商解除《股权转让协议》。《解除协议》重新约定了转让股东应承担的违约责任，体现了契约自由和当事人的意思自治，《解除协议》应有效。即使《解除协议中》包含的目标公司的连带保证责任条款效力存疑，也不影响协议其他部分效力。

关于争议的第二个焦点，《解除协议》中涉及小石公司的连带保证责任条款的效力及小石公司是否应承担责任。第一，《公司法》第十六条第二款规定，公司为公司股东或者实际控制人提供担保的，必须经股东会或者股东大会决议。本案例中，虽然《解除协议》约定，小石公司同意对本协议下杨某所有的责任承担不可撤销的连带保证责任，并且《解除协议》中也有小石公司的公章，但无证据表明该担保事项是经小石公司股东会通过决议或获得股东会决定追认的，故该条约定属盖章行为人超越权限的行为。第二，根据小石公司的说法，盖章行为人可能是杨某，因为在签署《解除协议》时，杨某并非小石公司的时任法定代表人，不能作为小石公司的法定代表人而作出法律行为，而且也没有证据表明该越权行为是小石公司的时任法定代表人所作，因此该越权担保行为不适用于法定代表人表见代表的法律后果。第三，《公司法》规定，公司为股东提供担保必须通过公司决策机构的决议，即具有公开宣示效力。于某作为担保权人，理应明确知晓和遵守这一规定，其未能提供证据表明小石公司的对外担保事项已经经过了股东会决议进行了审查，因此应视为未经审查。另从《解除协议》中约定的"杨某承诺并确保目标公司同意并签署本协议，且在此后均不会就此担保提出任何法律效力上的质疑"内容来看，显然，于某将其应承担的合理注意义务转嫁给他人。也可以从这个角度推断于某对盖章行为者的越权代理行为是明知的，因此于某有明显的过错，并非善意的相对人，不能以表见代理的法律后果适用于本案例。综上，案涉越权担保条款对小石公司不产生法律约束力，小石公司不承担责任。

最终，法院裁定被告杨某向原告于某支付余下合同解除金60万元，以及以60万元为基数，从2020年1月25日开始，到实际偿付之日止，按年利率15%计算的利息。

在上述案例中，现有合伙人杨某在知道自己持有的股权如果对外转让，必须要有公司一半以上的股东同意的情况下，仍与他人签订股权转让协议，出让自己的股权，最终造成自己背负巨额的违约金。而想通过受让现有股东股权而成为小石公司合伙人的于某，在股权受让过程中没有审核可能存在的法律风险，最终导致受让失败。对于目标公司小石公司来说，虽然没有承担任何连带责任，但应该吸取教训，加强公章管理，严选法定代表人，不让公司因转股而陷于混乱。

因此，各合伙人进行股权转让/受让时，应注意下列几点：①在签订股权转让协议之前，受让方应进行必要的审查以规避法律上的风险，对于应当经过公司股东会决定的事宜，应要求转让方提交相应的股东会决定；②注意法律和《公司章程》中明确规定的程序性事宜；③充分调查目标公司的财务状况，调查公司法定代表人是否被限制高消费，是否被列入失信名单等；④确定将受让的股权是否存在权利瑕疵，是否存在未出资和出资未到位的情况，是否有其他权利在该股权之上，从而影响自己受让后权利的履行；⑤转让方，则应当保证自己所持股权的合法性以及根据内部约定有权对外转让股权,避免因转让股权承担大量债务;⑥其他的现有合伙人则应该考虑自己是否有能力购买该股权从而扩大自己的控制力。

8.7 公司法人人格否认制度对股东的风险

《公司法》第三条规定，公司是企业法人，有独立的法人财产，享有法人财产权。公司以其全部财产对公司的债务承担责任。有限责任公司的股东以其认缴的出资额为限对公司承担责任；股份有限公司的股东以其认购的股份为限对公司承担责任。

因此，一般而言，有限责任公司的股东只需要在其认缴的出资额内对公司承担责任。但是，如果公司股东滥用公司法人的独立地位和股东的有限责任，逃避债务，给公司债权人造成了严重的损失，则应当对公司债务承担连带责任。这就是公司法人人格否认制度。

【案例】

2017年4月，由王某天实际控制的A公司与某银行签订1000万元贷款合同。现贷款合同逾期，但是A公司无力偿还。据查，A、B、C三个公司在股权上具有交叉关系。首先B、C公司的法定代表人是王某天，其次A、B、C三个公司的董事长也都是王某天。三个公司在同一地址办公，联系电话也相同。财务管理人员互相交叉派遣使用。各公司员工的保险、奖金等的缴纳和发放混乱不清。并且，在经营过程中，A公司的贷款被大量投入C公司的项目中，A公司的大量财产被转移至B公司名下。对于贷款，也是由三个公司共同偿还的。

公司法人人格否认制度的主要表现形式就是公司法人人格被股东滥用，表现为公司法人人格与股东人格高度混同，主要包括财产混同、业务混同以及人员混同。其中财产混同表现为股东与公司的资金相对混乱，没有清晰且明确的财产明细表，财务管理不清晰、公司财产被股东随意使用。

在上面的案例中，各种信息可以相互印证，从而证明 A、B、C 三家公司之间的财产权属并不清楚，存在财产混同和业务混同等情况。因此，如果王某天不能提供证据，证明不存在上述情况，则应承担相应的法律后果。

本案中，王某天的行为违背了《公司法》关于公司财产与股东个人财产严格分离的原则，影响企业对外偿还债务的物质基础。A 公司资产不足以清偿银行贷款，损害了债权人的利益，构成了股东对公司法人的独立地位和股东有限责任的滥用，因此，股东王某天应对 A 公司债务承担连带清偿责任。

8.8 股东知情权、分红权、表决权的法律风险

8.8.1 股东的知情权

《公司法》第三十三条规定，股东有权查阅、复制公司章程、股东会会议记录、董事会会议决议、监事会会议决议和财务会计报告。股东可以要求查阅公司会计账簿，股东要求查阅公司会计账簿的，应当向公司提出书面请求，说明目的。公司有合理根据认为股东查阅会计账簿有不正当目的，可能损害公司合法利益的，可以拒绝提供查阅，并应当自股东提出书面请求之日起十五日内书面答复股东并说明理由。公司拒绝提供查阅的，股东可以请求人民法院要求公司提供查阅。

【案例】

A公司成立于2012年4月，股东为姜某、李某某以及另外三名股东。其中，姜某持股40%，李某某持股30%。公司成立时二人系夫妻关系，法定代表人为李某某。2014年7月，A公司召开股东会，选举持股40%的姜某为公司执行董事，同时将A公司的法定代表人变更为姜某，李某某担任公司的监事和经理，负责日常经营及管理活动，公司的实际经营者依然为李某某。

2017年11月，姜某与李某某离婚。由于李某某管理A公司期间并未建立健全公司管理制度，导致A公司面临无法经营的局面，所以从2014年9月开始，A公司处于纳税零申报状态。在李某某与姜某离婚前，李某某利用管理公司的权力与公司出纳田某某将公司全部财务基础资料拿走，导致公司无法置备会计账簿、

财务会计报告。

由于 A 公司从未向姜某披露公司经营状况,且自公司成立以来从未分配利润,姜某觉得其作为股东的知情权没有得到保障。因此,姜某于 2020 年 1 月向 A 公司发出了要求查阅、复制公司以上资料的律师函,但遭到 A 公司的拒绝。于是,姜某以其股东的知情权被损害为理由,将 A 公司告上了法庭。

本案中,作为 A 公司合法股东的姜某,有权查阅、复制公司章程、股东会会议记录和财务会计报告,有权查阅公司会计账簿,并且其已经向 A 公司发出了书面请求并详细说明其目的。如果 A 公司无法证明其查阅会计账簿有不正当的目的,存在可能损害公司合法利益的行为,则公司应置备公司章程、股东会会议记录以及财务会计报告,供姜某查阅和复制,置备公司的会计账簿供姜某查阅。

股东知情权通常针对有限责任公司和股份有限公司的股东,而且该权利受到法律保护。合伙企业的合伙人知情权是协议的结果,不受法律的限制。只有公司的管理足够规范,才有可能切实保障股东知情权的行使。

现代公司通常所有权和控制权分离,大多数股东不直接经营公司事务,只监督公司事务执行。股东监督公司事务执行,首先要获得公司运营的相关信息,只有在获得公司运营的信息后,才能正确行使对公司的监督权和做出重要经营决定,以维护股东的利益。因此可以说股东的知情权是实现其他权利的前提和基础。同时,创建合伙团队,也应当充分保护合作伙伴的知情权。

当然,股东知情权体系具有两面性。一方面,在总体上吸纳法律规范的内容,并扩大其适用范围;另一方面,为了维护公司的合法权益,又对股东的知情权进行限制。这种限制主要体现在下列几点。

1. 虽然赋予有限责任公司股东对某些公司文件享有查阅权、复制权,但是对于公司会计账簿等公司文件,则没有赋予股东复制权。

2.在有限责任公司股东所享有的会计账簿查阅权问题上,法律持十分谨慎的态度,即设定了一定的约束性条件:①股东要想查阅会计账簿,必须向公司递交书面请求;②股东查阅公司会计账簿要有合法的目的,并且如实向公司说明。如果公司有合理的根据认为股东查阅公司会计账簿有不正当目的或可能损害公司合法利益,可以拒绝提供查阅。在公司拒绝查阅时,股东有权要求公司在其提出请求后15日内给予答复并说明理由;同时,如果股东认为公司拒绝查阅存在不当,还可以请求人民法院要求公司提供查阅。

3.对于股份有限公司的股东,法律仅赋予其对公司相关文件的查阅权,没有赋予其复制权。

这些规定可以有效地协调公司与股东之间因为知情权所产生的利益冲突,在一定程度上防止了利益失衡,充分体现了法律对各主体关系的平衡与调节功能。而且无论是有限责任公司的股东,还是股份有限公司的股东,在行使股东知情权受到侵害时都有权利诉诸法院寻求司法救济。

可以看出,现行《公司法》为股东知情权的行使提供了法律支持,也做出了一定的限制。股东,特别是中小股东,通过运用知情权来保护自己的合法权益,是很有效的。

8.8.2 股东的分红权

【案例】

A公司于2013年4月成立,公司注册资本为3 000万元,其中陈某以货币出资方式出资300万元,占股10%。2014年2月公司股东会决议将注册资本变更为8 000万元,经验资陈某出资417万元。2018年1月陈某与李某某、蔡某签订《经营收益分配协议书》,约定向陈某分配利润163.5万元。同月陈某与李某某、蔡某签订《处置债务重组收益协议书》，约定向陈某分配收益399.5万元。2019年12月，陈某与李某某及高某签订《会议纪要》，其中第二条确认陈某股东权益为551.8万元。

A公司始终未向陈某支付上述利润、收益，也未分配公司利润。陈某作为股东仅参加了两次股东会，但公司股东会决议、董事会决议均有陈某签名，且未通知陈某，故陈某申请查阅公司档案，但A公司未予理睬。随后，陈某将A公司诉至人民法院，请求人民法院依法支持诉讼请求。

《公司法》第三十七条规定，公司股东会审议批准公司的利润分配方案和弥补亏损方案；第四十六条规定，董事会制订公司的利润分配方案和弥补亏损方案；第一百六十六条规定，公司应当在弥补亏损，提取法定公积金及经股东会决议提取任意公积金后分配当年税后利润。同时，依据A公司公司章程第三十一条和第五十四条，股东代表大会是审议批准公司的利润分配方案和弥补亏损方案的权力机构，拟订公司税后利润分配方案是总经理的职权。因此，虽然股东根据持有的股权理应拥有分红，但是分红是有前提的，即公司盈利以及该公司的股东代表大会依法做出分配利润决定等。所以在A公司股东代表大会作出分配利润决议之前，股东陈某不直接享有该公司的盈余请求权。

陈某依据《经营收益分配协议书》《处置债务重组收益协议书》《会议纪要》主张其应分得公司利润，但上述文件的形式及内容均不符合股东代表大会决议的要求，不属于公司法及公司章程所规定的分配利润的法律文件，也未经A公司股东大会追认，且这些文件列明的分配方案未记载或证实该利润系已经缴纳相应的税金及提取相应的公积金后的盈余。

因此，陈某作为股东向人民法院起诉请求判令A公司向其按上述文件内容分配利润缺乏事实和法律依据，对其相应诉讼请求人民法院不予支持。

从上述案件以及我国相关的法律法规中可以看出，分红权的实现是有条件的。

1. 以当年利润派发现金须满足：公司当年有利润；已弥补和结转递延亏损；已提取10%的法定公积金和5%～10%的法定公益金。

2. 以当年利润派发新股除满足第1项条件外，还要满足：公司前次发行股份已募足并间隔1年；公司最近3年财务会计文件无虚假记录；公司预期利润率可达到同期银行存款利率水平。

3. 以盈余公积金转增股本除满足第2项条件外，还要满足：公司在最近3年连续盈利，并可向股东支付股利；分配后的法定公积金留存额不得少于注册资本的50%。

股东红利除依据法定的分配方式外，可经全体股东同意自由决定。特别是在合伙企业中，没有任何法律规定限制，合伙人可根据内部的出资或者对企业的贡献自由选择分配红利的方式。这些方式包括但不限于：直接规定股东红利的分配比例；直接规定某股东放弃股东红利；在公司章程或合伙协议中设定一定期限或者利润达到一定的数额等条件之后强行分红；等等。

8.8.3 股东的表决权

【案例】

A公司共有四名股东，分别为瞿某（持有股份40%）、周某（持有股份40%）、张某（持有股份10%）和赵某（持有股份10%）。公司章程对股东会召集与主持的程序规定如下。股东会会议决议必须经全体股东表决通过。股东会会议分为定期会议和临时会议，召开股东会会议，应当于会议召开十五日以前通知全体股东。定期会议每半年定时召开，股东、执行董事或者监事提议召开临时会议的，应当召开临时会议。股东会应当对所议事项的决定形成会议记录，出席会议的股东应当在会议记录上签名。股东会会议由执行董事召集并主持，执行董事不能履行职务，或者不履行职务，或者不履行召集股东会会议职责的，由公司的监事召集和主持，监事不召集和主持的，代表十分之一以上表决权的股东可以自行召集和主持。股东会会议形成修改公司章程、增加或者减少注册资本的决议，以及公司合并、分立、解散或者变更公司形式的决议，必须经全体股东通过。

A公司定于2018年10月15日上午8时在其三楼会议室召开股东大会，并提前十五日向各股东发出通知。2018年10月14日，翟某授权委托其朋友王某以个人名义向住所地的甲公证处申请对2018年10月15日股东会会议召开过程进行公证。2018年10月15日上午，全体股东到达指定地点，甲公证处应王某的申请指派两名公证员对股东会的过程进行证据保全公证，并出具了公证书。公证书记载："整个会议过程中，除周某、翟某发言外，其余参会人员均未发言，会议召集人周某未要求参会人员对议题进行表决，也未就重新选举法定代表人提出候选人，参会人员未就会议议题进行表决、选举；至会议结束，召集人及参会人员未向翟某宣布任何股东会决议内容，亦未向翟某出示任何股东会决议、股东会会议记录等书面文件要求翟某签字。"

同日，乙公证处也出具了相关公证书，证明周某、赵某、张某于2018年10月15日到乙公证处，签署了《A公司股东会决议书》，主要内容是该公司此次股东大会通过举手表决的方式通过某个决议，并根据上述股东会决议书在工商行政管理部门进行了变更登记。

这个案例的争议问题有两个，一是涉案股东大会是否形成了会议决议；二是涉案公司章程规定的"股东会会议决议必须经全体股东表决通过"是否违法。

关于第一个争议的问题，甲公证处提供的公证书是否能作为案件定案的依据。

①公证申请人问题。翟某委托其朋友王某以个人名义向甲公证处申请对股东会会议召开过程进行公证，A公司则主张以王某作为申请人不合适。但根据《中华人民共和国公证法》第二十六条的规定，自然人、法人或其他组织可以委托他人办理公证，但遗嘱、生存、收养关系等应由本人办理公证的除外。本案涉及的是对股东会召开的过程进行证据保全公证，不属上述法律条款所规定的应由本人办理公证的事项，故翟某有权委托他人进行本案的公证取证。②公证地域管辖的问题。《中华人民共和国公证法》第二十五条规定，自然人、法人或其他组织申请办理公证，可以向住所地、经常居住地、行为地或者事实发生地的公证机构提出。本案中翟某已经授权王某以个人名义向公证机关申请证据保全公证，而王某的住所地与甲公证处同属一区，因此符合《公证法》有关地域管辖的规定。

在本案的一审期间，A公司的会计袁某作为股东会会议的记录人出庭作证，证实会议过程中股东没有举手或投票表决，与甲公证处出具的公证书中记载的内容相互印证。且A公司也没有提供任何涉案的原始会议记录，应承担举证不能的法律后果。

周某、赵某、张某于2018年10月15日在乙公证处签署相关文件，并非在股东会会议现场签署，不能证明在召开股东会会议时已形成决议。证人袁某也证实没有见过该决议书。

综上所述，股东大会并未形成任何会议决议。

关于第二个争议的问题，公司章程中的股东会会议表决方式是否违法。通俗地说，公司章程就是一部能够体现各股东意思的文件，这个文件因各股东的意思表示而合法（除非违反法律的规定）。一旦公司章程确定并通过，所有股东都承担着遵守、执行的义务。A公司在公司章程中规定"股东会会议决议必须经全体股东表决通过"不违背公司法的规定，应认可该规定的效力。最终，法院判决撤销2018年10月15日由周某、赵某、张某代表A公司作出的股东会决议书。

表决权是股东在有限责任公司或者股份有限公司中相对重要的一种权利，一个股东表决权的大小通常取决于该股东拥有多少股权（双股制除外）。根据《公司法》的规定，通常股东会作出决议，必须经有表决权股东过半数通过。但是，修改公司的章程，增加或降低注册资本的决议，以及公司的合并、分立、解散或改变公司形式的决议等，必须经持有三分之二以上表决权的股东通过。

在上述案例中，公司章程明确规定的股东会会议决议必须由全体股东表决通过，以及股东会会议作出修改公司章程、增加或减少注册资本的决议，公司合并、分立、解散或变更公司形式的决议，必须经全体股东同意也是有效的。这体现了尊重股东和合伙人的意愿，充分发挥法人自治的优势。

8.9 股权继承的法律风险

自然人会面临死亡问题,那么依靠自然人的法人组织当然也会面临股东更替的问题。这引发股东死亡或者丧失相应能力之后,其股东权益应该如何继承等问题。

《公司法》第七十五条规定:自然人股东死亡后,其合法继承人可以继承股东资格;但是,公司章程另有规定的除外。同时,《合伙企业法》第五十条规定:合伙人死亡或者被依法宣告死亡的,对该合伙人在合伙企业中的财产份额享有合法继承权的继承人,按照合伙协议的约定或者经全体合伙人一致同意,从继承开始之日起,取得该合伙企业的合伙人资格。这两部法律的上述规定说明了同样的法理,那就是只要公司章程没有排除股东继承人的权利,或合伙协议里约定了股东继承人的权利,则在股东死后,其继承人就可以继承股东/合伙人的资格。

法律这样规定既保证了继承人的继承权,又保证了股东充分表达意见的权利。公司章程和合伙协议是各股东/合伙人真实意思的表达,所以股东合伙人可以在公司章程/合伙协议里约定自然人股东/合伙人死亡后其股权必须以公允价格转让给其他股东/合伙人。

如果一家发展较成熟的公司遇到自然人股东死亡的情况,继承人可以无条件地继承被继承人的股权,因为公司已经进入稳健的经营状态,所有权与经营权已经有效分离,股权的继承对公司的运营不会产生太大的影响。但如果一家初创公司遇到自然人股东死亡的情况,结果可能有所不同。尤其对于互联网公司来讲,人力资本的驱动力更大。自然人股东死亡,意味着其人身所依附的人力资本消失了，如果新的继承人没有创业公司所需要的人力资本，就不利于公司发展。

因此，建议初创公司在公司章程中约定自然人股东死亡后法定继承人只继承股权中的财产权，不得继承股东资格，将投票权委托给创始人或其他合伙人；约定自然人股东死亡后，其在公司内的股权必须转让给其他股东。

此外，争议较多的是在公司章程对股权的继承人资格没有规定限制性条件的情形下，未成年人可否继承股权。对于这一问题，《关于未成年能否为公司股东问题的答复》指出："《公司法》对未成年人能否成为公司股东没有作出限制性规定。因此，未成年人可以成为公司股东，其股东权利可以由法定代理人代为行使。"

【案例】

A公司于2000年成立，公司成立时注册资本为人民币5 020万元，公司章程第四条确认甲自A公司成立起就是A公司的股东，公司章程上亦有甲的签名。甲去世时仍持有A公司440万元股权，持股比例为2%。A公司的公司章程及历年公司章程修正均没有对公司股东死亡后其继承人继承公司股权作出限制性规定。

甲与乙系夫妻关系，二人共育有两个子女，分别为甲1和甲2。甲于2015年7月22日去世，去世时甲的母亲健在。乙于2016年11月16日去世。甲母、甲2分别以甲或（和）乙法定继承人身份，分别作出放弃被继承人对外债权和债务的继承权的决定，其中包括甲在A公司的涉案股权。甲1成为甲与乙涉案股权的唯一继承人。甲1以唯一继承人身份起诉A公司，主张继承其父甲在A公司的股权，确认其股东资格并行使股东知情权。

A公司在庭审中虽承认甲的股东资格，但对甲1继承甲股权的要求不予认可，不承认甲1的股东身份。甲1曾于2017年11月10日发律师函告知A公司,甲1的父母甲、乙均已去世,作为甲的合法继承人,甲1依法成为A公司的公司股东,有权按照A公司公司章程及公司法的规定行使股东知情权。A公司在收到该律师函后回复称,甲1作为涉案股权合法继承人的身份存疑,未认可甲1的股东资格。

一审法院认为,在A公司认可甲1的父亲甲股东身份的情况下,本案甲1的股东资格确认纠纷实质为股权继承问题。对于股权继承问题,《公司法》第七十五条规定:"自然人股东死亡后,其合法继承人可以继承股东资格;但是,公司章程另有规定的除外。"该规定允许公司章程另行规定股东资格继承办法,主要是考虑到有限责任公司的人合属性,且公司章程对股东资格继承的限制只能以合理为标准。如果公司章程未约定继承办法,应当按照《公司法》第七十五条规定的一般原则,由继承人继承死亡股东的股东资格。本案中,A公司的公司章程和历年公司章程修正均未对股东权继承问题作出限制性规定,因此,在A公司股东甲去世后,其合法继承人可以依据《公司法》第七十五条的规定,继承其股东资格。无论其他继承人是否放弃涉案股权的继承权,在甲去世后,甲1作为甲涉案股权的合法继承人,依法可以继承涉案股权相应份额成为A公司的股东,而在其他合法继承人书面放弃涉案股权继承权后,甲1作为唯一合法继承人只是继承了更多的股权数额。因此,对甲1请求确认其于2015年7月22日后具有A公司股东资格的诉讼请求依法予以支持。

8.10 夫妻在股权中的法律风险

持有公司股权的自然人离婚涉及公司股权的处理。如果股权问题处理不当，不仅会影响家庭，还会影响公司的发展。

那么，如何才能处理好离婚夫妻之间的共有股权呢？要想处理好夫妻共有股权，就要对相应情况进行一一分析。

夫妻在股权中的法律风险分为两种：一是夫妻一方拥有的股权；二是夫妻共同拥有的股权。

如果夫妻一方在婚前使用个人财产进行股权投资或者在婚后进行股权投资但双方事前有约定投资归属，那么该股权就是夫妻一方的股权。在夫妻关系存续期间，处理夫妻一方的股权会涉及两个问题：①股权归属问题；②收益权归属问题。

按照相关法律，在婚姻关系存续期间，一方以个人财产投资取得的收益属于夫妻共同所有的财产。也就是说，股权归一方所有，但是由股权带来的收益是夫妻共同财产，在夫妻离婚时应由双方平分。合伙制企业，遇到类似情况时，应采用类似的法理进行处理："婚前，夫妻一方以个人财产对合伙企业出资的"，或者"婚后，夫妻一方以个人婚前财产或婚后个人财产以个人名义对合伙企业出资的"，拥有的合伙制企业的股权归一方所有，婚姻存续期间股权产生的收益（分红等）归夫妻共同所有。

此外，除非有特殊约定，夫妻关系存续期间双方共同的投资的股权归夫妻共同所有。股份有限公司夫妻共同股权的处理方式：平分。股份有限公司股权转让，按照自由、例外限制的原则，不存在内部股东优先购买权，因此，夫妻共有的股份有限公司股权,在夫妻离婚时一般采用"平分"的方法,至于有偿还是无偿,则可以二人协商,可以无偿转让,进行工商更名即可;或者由双方协商一致,进行有偿转让,另一方获得转让款后退出。但要注意的是,根据法律规定,如果夫妻一方是公司的创始人、董事、监事或高级管理人员,他们持有的股票就属于限制性股票。夫妻离婚时,分割限制性股票时要按照《公司法》的相关规定进行处理。

有限责任公司夫妻共有股权的处理方式:多样性处理。有限责任公司的股权转让采用"内部股东优先"的原则。为什么采用这个原则呢?从法理上讲,有限责任公司规模较小,股东人数较少。有限责任公司股东转让股权时,如果内部股东没有优先购买权,有可能会造成"没有经营能力"或者"资和人不和"的股东进入公司,影响公司的稳定经营和长期发展。夫妻离婚时,"平分"双方共同持有的有限责任公司股权也有类似的隐忧。

对于夫妻共同持有的有限责任公司股权的处理,根据有限公司又分为三种情况:①夫妻共同创立公司;②夫妻以一人名义与他人合伙;③夫妻共同与他人合作投资。

1. 夫妻共同创立公司。此情况处理起来比较简单,因为无论如何登记双方股权,按照法律规定,离婚后夫妻各拥有50%的股权,多持股一方向对方无偿转让相应股权。夫妻离婚后,如果双方不能和平相处,一方不具备经营能力,则一方可以公允价格收购另外一方的股权。

2. 夫妻以一人名义与他人合伙。对于这种情况,应明确的原则是"夫妻共有股权,离婚后一人一半"。但是,因为一方不是公司的股东,转让股份涉及公司其他股东的优先购买权。比如,甲、乙、丙三人共同投资成立一家公司,甲持股50%、乙持股30%、丙持股20%。假设甲要和自己的妻子丁离婚,首先确定的是甲所持的50%的股份,夫妻双方各占一半。但是,丁不是公司股东,如何将这25%股权转让给丁呢?假设这部分股权的公允价格为50万元,有三种不同的解决办法：第一种，如果甲愿意购买，则甲向丁支付50万元购买这25%股权，这种做法受法律保护；第二种，如果甲不购买，但是乙、丙愿意购买，则购买方向丁支付50万元购买这25%股权；第三种，甲、乙、丙都不愿意购买，则甲向丁无偿转让25%的股权。

3.夫妻共同与他人合作投资。与上一种情况不一样，此情况下两人都是股东，解决起来会相对简单一些。首先是共同股权，离婚时一人一半，多出资的一方无偿转让给另一方股权，至双方所持股权相等，此时不存在"优先购买权"。如果双方不能继续共同经营，可以由退出一方将相应股权转让，另一方和其他股东有优先购买权。

合伙制企业的夫妻共有股权的处理方式与有限责任公司的处理方式类似，可以分两种情况：①双方都是出资人；②一方是出资人。双方都是出资人的，企业财产份额按照一人一半的原则进行分割。一方是出资人的，则双方可以协商将出资人在合伙企业中财产份额转让给另一方。但能否成功转让，必须征得其他合伙人的一致同意。如果其他合伙人一致同意，则接受方成为新的合伙人。如果其他合伙人不能一致同意，又分三种情况来处理：第一，不同意转让的合伙人愿意购买离婚合伙人的出资份额，则离婚合伙人退伙，夫妻双方分割转让所得的货币资产；第二，不同意转让的合伙人不愿意购买离婚合伙人的出资份额，但同意离婚合伙人退伙或者退还部分财产份额的，则离婚双方获得部分退还财产，然后分割；第三，不同意转让的合伙人不愿意购买离婚合伙人的出资份额，又不同意离婚合伙人退伙或者退还部分财产份额的，按照法律规定，视同"其他合伙人一致同意转让"，则接受方成为新的合伙人。

离婚时，能否双方协商一致，将共有股权转到未成年子女名下呢？对于这个问题，从几个方面来分析：①自然人股份可以因为自然人股东死亡被继承，也可以因赠予被继承；②成年人和未成年人都可以成为合法继承人；③如果继承的是股份有限公司的股票,则处理方法较简单;④如果继承的是有限责任公司的股份,其他股东有优先购买权,所以,必须考虑其他股东的情况;⑤未成年人不具备民事行为能力或者具有限制民事行为能力,在未成年之前,其所持股权可暂时由夫妻一方或者共同信任的第三方托管,由其代为行使股东权利,成年后,再做管理权移交。

【案例】

2010年3月,土豆网创始人王微和杨蕾离婚,但其股权合同中没有涉及如何处理土豆网股权的问题。在土豆网向美国证券交易委员会提交上市申请的次日,杨蕾向法院提起诉讼要求分割土豆网76%的夫妻共有股权。法院因此冻结了土豆网38%的股份,这导致土豆网的上市计划被迫暂停。虽然二者最终达成和解,但土豆网丧失了良好的上市机会。

鉴于此,一些投资公司在股东协议中增加以下条款:所投资公司的首席执行官结婚或者离婚必须在经过董事会,尤其是优先股股东的同意后方可进行。

必须承认,婚姻期间,双方对共有财产权利的平等主张是完全合法的。以上的约定也是合法的,因为"意思自治"。如果配偶放弃就公司股权主张任何权利,则与之相对应的应是"保障夫妻之间权利出让方的经济补偿权",这才不失约定的公允性。

CHAPTER 09
第 九 章

走向失败的合伙之路

9.1 "万通六君子"的好聚好散

创业过程是一个艰难且不断遭遇挫折的过程,在合伙人制度下,许多公司的案例值得我们学习与反思。

1988年,冯仑被派到海南筹建海南改革发展研究所,他在海南工作期间认识了潘石屹、易小迪以及王启富。偶然间他们又结识了王功权、刘军。六人志同道合,带着一腔热血,打算拼搏出一番事业。

1992年,六人合伙成立了海南农业科技投资公司。公司成立一年就赚了3 000万元。1993年万通实业集团注册成立。集团董事长和法人代表由冯仑担任,主要的股东有刘军、易小迪、王功权、冯仑,法人股东有海南省证券公司、中国华诚财务公司。

为了提高集团的市场占有率,万通不断向长春、北京、上海扩张业务,所以六位合伙人经常不在一起工作。这也导致六位合伙人的发展眼光和观点出现分歧,六人经常为了公司发展战略而争吵。面对这样的情形,冯仑首先提出学习西方的管理制度,同时他还让大家读各种文章,鼓励大家一定要合作到底。

后来,五人因各种情况,纷纷退伙。只有冯仑一人留在了万通。

在我国企业的改革浪潮当中,"六君子"能够热烈地合伙,也能够平心静气地退伙,这很不容易。创业是一个道阻且长的过程,有成功就会有失败。重要的是每一个创业者怎样看待这种失败,是否能够认真反省、不断进步。每个人都有梦想,当机会来临时,只有把握住时机,深刻思考,梦想才会变成现实。

9.2 某中式快餐公司的股权之争

在企业的发展过程中,"以不变应万变"是不适用的,要想发展,就应懂得适时地调整发展策略。从这个角度来说,企业家应好好汲取别人的经验教训。

某中式快餐公司是潘某和蔡某合伙创立的。除了合伙人的关系外,他俩还有姻亲关系。

1990年,潘某创立了某甜品屋(这家中式快餐公司的前身)。他对餐饮有着自己独到的见解。在蔡某夫妻经营的五金店倒闭后,潘某的姐姐就几次游说潘某,最终,潘某同意让姐夫蔡某加入。于是,两人开始计划怎样把餐厅做好。

几经周折,潘某决定将某甜品屋关闭,与蔡某夫妇一起开了一家新店,名为"某蒸品餐厅"。在股权分配中蔡某占25%,潘某的姐姐占25%,潘某占50%。

因潘某拥有较高的厨艺,所以大部分的事情都由潘某决定,餐厅的控制权也掌握在他的手里。当时餐厅的生意红红火火,他们又在当地开了三家分店。

1997年年底,为了打造品牌连锁店,将店名由"某蒸品餐厅"改为"某种子饮食公司",并把"某种子"作为商标进行注册。2003年,蔡某主动提出由自己担任总裁的申请,并且实行选举换届制,每5年换一届。潘某发现蔡某在企业的策划与管理上较专业,于是为了公司长远发展,便同意了他的提议。潘某成为公司副总,承担向全国各地开拓连锁店的任务。

至2007年底,"某种子"的连锁店已经有两百多家。2004年,蔡某把"某种子"改为"某功夫",此后,更名后的中式快餐公司的利润大大提升。

2006年9月,蔡某夫妇协议离婚,潘某的姐姐把持有某功夫25%的股权给了蔡某,这导致潘某与蔡某的持股比例相等。2008年,按照约定蔡某担任总裁的任期已满。2009年初,当潘某要求蔡某兑现投资款时,遭到蔡某的拒绝。年底,蔡某又关闭信息窗口,阻止潘某了解这家中式快餐公司的有关信息。

  自此,蔡某与潘某的矛盾不断激化。合伙人产生矛盾且矛盾不断升级的后果只能是所有的辛苦化为灰烬。合伙创业成就的是一个团队的梦想,当梦想实现时,各合伙人不应忘记同风雨、共患难的伙伴。

9.3 某小吃快餐公司为何失败

对于合伙创业来说，选择合作伙伴是非常重要的。

没选择好合伙人就会出现这样的情况：当部分合伙人为了公司的业务跑前跑后的时候，部分合伙人却游手好闲，且两种合伙人的分红是一样的。出现这种情况，就意味着企业在刚成立的时候没有制定一套规则来约束这些合伙人。

▶ 【案例】

某小吃快餐公司合伙人团队因为合伙人的消极怠工而走向了散伙。当时这家公司其实发展得很好，在很短的时间内就打开了市场。但是从品牌成立开始，合伙人之间的矛盾就不断产生。产生矛盾的主要原因就是合伙人宋某消极怠工，于是在2015年，作为创始人之一的宋某被迫离开企业，随后该公司合伙人团队散伙。

这家公司的失败让我们不得不思考：如何选择好的合伙人；遇上不好的合伙人应该怎么办。只有解决问题，才能走得更远。

下面是笔者认为的较好的解决方法。

1. 遇到问题及时沟通。凡事都是有原因的，因此在部分合伙人消极怠工的时候，首先就是沟通。弄清楚为什么，他消极怠工，找到原因之后再对症下药。只有各合伙人共同努力，找回创业时的初心，合伙事业才能成功。

2. 明确权利与义务。合伙人其实也是员工，因此应该有一套规章制度约束他们。制度中应该明确各方的权利、义务以及相应的奖惩措施。只有明确各方的权利与义务，才能够有条不紊地完成工作。

3.相互负责。优秀的合伙人并不是天生的，各合伙人间只有经过不断磨合才能产生默契。因此在遇到问题的时候不要消极应对，要积极处理，这才是对各方都负责的办法。

9.4 走向散伙的律师事务所

很多人对律师事务所成立及发展的情况不太了解，成立一家律师事务所并不容易。

最初的律师事务所是一种典型的合伙企业模式，后来随着律师行业的不断发展逐渐出现了公司制的律师事务所。根据《中华人民共和国律师法》（以下简称《律师法》）的规定，成立律师事务所需要符合一般的合伙企业条件，有一定的资产以及符合条件的律师。律师事务所主要有三种形式，分别是合伙制、公司制以及个人制。本节主要讨论合伙制律师事务所。

合伙制律师事务所可以采用普通合伙或者特殊的普通合伙形式设立。之所以说成立律师事务所很困难，是因为在符合成立一般合伙企业条件的基础上，还要符合一些特殊的条件：有符合《律师法》规定的律师；设立律师事务所的设立人也必须是有执业经历并且能够专职执业的律师。

对于设立普通合伙企业形式的律师事务所来说，除了需具备上述条件，还应该有书面的合伙协议、有三名以上的合伙人作为设立人、设立人是具有三年律师执业经验的律师、资产在人民币三十万元以上；对于设立特殊的普通合伙企业形式的律师事务所来说，则应当有书面的合伙协议、有二十名以上合伙人作为设立人、设立人应当是具有三年以上执业经验的专职律师、资产在人民币一千万元以上。

之所以有上述条件是因为律师行业的特殊性。律师是维护社会公平正义的使者，是法律切实的守护者和捍卫者。所以设立律师事务所的门槛一定要高，只有这样才可以提高行业门槛，确保律师行业的专业水平。

> **【案例】**

三个心怀梦想的律师甲、乙、丙离开了原来的律师事务所，在同年7月成立了A律师事务所。一共出资100万元，但这100万元均由律师甲出资。

这三个合伙人性格不同，专长也不同：律师甲掌握丰富的案源，善于为人处世；律师乙专业能力很强，无论是非诉还是诉讼业务，她都能游刃有余地解决；律师丙是一个性格比较温和的人，能起到调和三人关系的作用，业务能力也不错。就这样，A律师事务所在四个月内就取得了100多万元的营业额，三人忙得不可开交。但是，在成立当年年底，三个设立人的矛盾开始凸显。

律师乙由于个性鲜明、比较独立，习惯了一个人工作，缺乏合作精神。而三人创立律师事务所的初衷是实行团队制，这就容易导致矛盾。同时，律师甲总是喜欢克扣工资。律师丙因为律师甲克扣工资、精于算计也日渐和律师甲分了心。

最终，成立次年律师乙与律师丙一起离开了律所。

合伙人要想合伙事业长远发展，切不可计较一时的得失。从这个案例可以看出，合伙人制度下必不可少的第一个要件"合伙人具有统一的发展观和价值观"是多么重要。如果在创立律师事务所时，三位合伙人就确定律师事务所的发展前景以及发展模式，那么也不会这么快散伙；如果创立的时候就知道三人对律师事务所的发展前景具有不同的规划，那么就应该重新寻找合适的合伙人。

CHAPTER 10
第 十 章

合伙人制度疑难问题解决建议

如果说成功的合伙人制度有规律，而且每个成功运用合伙人制度的企业都利用了这些规律，那么针对失败的合伙人制度，我们也可以从一些角度反思，找到解决问题的方法。

对于创业者来说，选择一个合适的合伙人是十分重要的。因为在企业的发展过程中，各方将一起面对成功与失败。既可以同甘，又可以共苦的合伙人才是我们需要的。

选错了合伙人就好比埋了一颗不定时炸弹，不知道什么时候，它就炸了。在合伙的过程中会有这样或那样的困难，是选择分道扬镳还是忍气吞声？有没有可供参考的建议？创业机会多，风险也多，若遇到的每一个问题都是不好解决却又不得不解决的应怎么办？

10.1 应该怎么约束不出钱的合伙人

前文讲述了出资的多种方式，比如现金、实物、技术、专利等。那么对于用技术以及专利这些非实物出资的合伙人，应该如何约束他们呢？笔者认为，合伙人即使是以专利、技术出资，也还是要出一点现金或实物。

对于高新技术公司来说，一个技术过硬、人品较好的技术合伙人是可遇而不可求的，这种人才是许多创业者梦寐以求的搭档。因为在技术公司或者专业性较强的公司刚成立的时候，赢得市场靠的就是技术与专业。没有懂技术、专业的人，好的项目就会无法启动，更别说获利了。

很多技术合伙人仅凭技术入股就要求拥有很多股份，为什么？因为他们有本事。建议让技术合伙人投入现金或实物。因为如果技术合伙人不投入现金或实物，则其可能随时离开。而且从公司长远的发展来看，技术合伙人只投入技术是行不通的。

技术是一种无形的资产，要确定它的绝对价值是十分困难的。但这种资产对技术公司是十分珍贵的，因为拥有技术是公司发展的前提。在一定程度上，技术合伙人只以技术出资是完全合法的，并且具有一定的合理性。但是从管理的角度来说，技术合伙人只以技术出资存在许多隐患。

首先我们要找出部分技术合伙人不愿出现金或实物的原因。

▶ 【案例】

甲是一名刚毕业的大学生，想创业但对行业不熟悉，于是找到了朋友乙。朋友乙是一个拥有三项专利的工科生，因曾在大型企业实习，所以对公司的运营略知一二。甲又另外找到了三个合伙人，想着五个人一起合伙创业。在确定出资额的时候，乙提出自己以三项专利出资，按照20%的比例领取分红就行，并且不收取其他的费用。但其他的合伙人不同意，觉得乙不仅不出钱还想要这么高的股权比例。对此，乙给出的解释是：自己并非不想出钱，只是现在没有，而且这些专利对新公司的发展也会起到不可小觑的作用，因此自己想要20%的股权。另外三个合伙人不能接受这样的安排，于是均选择了不与其合伙。

笔者认为，合伙人即使用技术出资，也应该要以少量现金或者实物出资。这样既充分利用了自己的技术，还安抚了其他合伙人的情绪。对于乙这种不想以现金或实物出资的合伙人，其他合伙人应该考虑其是否有合作的诚意。要想检验他是否有诚意其实很容易，其他合伙人可以提出先借钱给他，或者由其他人垫付，等公司盈利后再还账。如果技术合伙人对这种方法还是不满意，那他可能并不是真的愿意合作。

用钱检验技术合伙人合作的诚心只是第一步，如果技术合伙人有合作诚心，那其他的合伙人还要评估他提供的技术的价值。并不是所有的技术都有高价值，应看公司未来发展对技术的依赖程度以及技术的成熟程度。即使其他的合伙人认为技术合伙人手中的技术价值特别高，也要请专业的评估机构对技术进行评估。此外，如果该技术对公司发展的重要性逐渐减弱，那么就要平衡一下它的价值。

在对技术价值进行评估之后，对于技术合伙人的股权分配要注意以下几点。

第一，技术合伙人持有的股权比例应当按照其提供的技术对公司的长期价值和贡献来分配，切不可按照一时的作用进行分配。如上述所说，技术合伙人在公司成立的初期会比较重要。但是公司一旦步入正轨，就要更多地考虑市场、资金等。就算需要技术，技术也是可以不断更新的技术。如果为了留下技术，在公司成立初期就给技术合伙人过多的股权，可能会遗留很多问题。

第二，一定要为后续加入的合伙人预留足够的份额。

第三，对于那些只出技术而不想出现金、实物的合伙人，可以约定其所持有的股权与其贡献相当，承担的风险也与股权相当，这样才可以做到风险共担。

同时，技术合伙人自身也具有应该避免的风险。技术合伙人应考虑公司发展起来后公司对自身的依赖度，其他合伙人是否存在"过河拆桥"的可能。

【案例】

王某是一家技术公司的经理，拥有许多专利，工作也完成得非常出色。张某是一家创业公司的老板，但是公司一直发展得不好。机缘巧合下，二人相见，所聊甚欢，逐步成为合作伙伴。王某和张某约定，王某以专利和技术入股，占30%的股份，张某以货币出资，占70%的股份。王某负责技术与生产，张某负责市场与资金。刚开始的时候合作还是很愉快的，但随着公司渐渐步入正轨，矛盾就凸显了。王某发现张某有很多事根本不与自己商量，自己成了指挥工人干活的"经理"，根本见不着大客户。年底分红的时候，张某也是看心情分红，心情好了就多分点，心情不好就少分点，王某根本看不到公司的账本。如果与王某的朋友合作，张某也会让王某好好干活，不让他接触。时间一长，王某就觉得自己入伙时过于草率了，一点实权都没有，他甚至产生了退伙的想法。

从上述案例可以看出，技术合伙人，会担心自己在公司的话语权。技术合伙人一般属于实干型人才，只顾着管好自己的技术。这其实是把自己的位置摆错了。技术合伙人，首先是合伙人，只是以技术出资。因此，对于技术合伙人来说，如果没有在公司发展前期就拥有一定的话语权，那在公司壮大之后，他很难拥有话语权，自己的股权和地位也很有可能不复从前，甚至有可能被其他的合伙人算计。

所以，为了充分地保障各方的权利，应在企业成立时订立协议，以协议、制度规则等方式，明确各方的权利和义务，设置一定的奖惩措施。分工混乱，职责不清，是合伙人制度发展的大忌。

10.2 大股东行使表决权时如何避免被小股东"绑架"

根据我国的法律规定，公司发展的各项事务应通过表决来决定，也就是说一家公司的发展方向是由大多数股东或者占大多数股份的股东决定的。因此，表决权在掌握公司控制权方面起着决定性的作用。一般来说，表决权是根据股东的出资金额确定的（少数公司的股东自己约定），大股东通常掌握控制权，但是如果不注意，小股东也会"绑架"大股东。这主要是因为许多股份不多的合伙人，在背地里结交小股东，从而在行使表决权时发挥"合作"的力量。通过下面案例，我们直观地了解小股东是如何实施"绑架"的。

【案例】

老徐是一家超市的所有人。眼看自己发展得这么好，而弟弟还在失业中，老徐就将弟弟带到了自己身边，教他超市的日常管理。在兄弟俩的合作之下，超市越开越好。为了奖励和鼓励弟弟继续努力，老徐转让了40%自己持有的公司100%的股权给弟弟。

两年后，为了公司的发展，老徐又转让了10%的公司股份给小刘。小刘顺利地成为公司的股东。此时老徐作为超市的创始人拥有公司50%的股权，老徐的弟弟拥有40%的股权，小刘作为员工拥有10%的股权。随后老徐的弟弟和小刘结婚了。这导致老徐面临以下情况：如果兄弟俩关系一直很好，弟弟与弟媳的关系也很好，那没有问题。如果兄弟俩闹矛盾，弟弟与弟媳一共持股50%，而且公司章程规定，任何决议以股东过半数以上表决通过。

慢慢地老徐发现：在小刘与弟弟结婚之前，弟弟和自己的关系很好，有了问题两人也是一起解决。但是自从弟弟与小刘结婚后，兄弟之间的关系就不好了。如此一来，老徐的很多建议都被两人否决。老徐作为公司的创始人、控股股东，彻底地被小股东"绑架"了！

经过一段时间的考虑，老徐决定解散公司，自己重新开始创业。

股权设计是公司平稳发展的基石，任何一个不恰当的股份转让，都有可能带来问题。案例中老徐的错误是不应该给弟弟40%的股份，不应该在自己与弟弟、弟媳持股相当后仍然无所作为。讲亲情在公司的发展中是具有两面性的：一方面可以为自己增加力量（比如上述案例中的小刘），另一方面可能会让自己功亏一篑（比如老徐）。老徐被两个小股东"绑架"的原因并不是弟弟与小刘结婚，而是公司的管理机制和股东权利分配存在缺陷。

【案例】

2011年，范某和他的朋友在山东成立了一家电玩公司。公司的主要业务是提供电玩场所以及各种设备。因为有资源、有人际关系，电玩城很快建立了并且发展顺利。经过了10年的发展，公司发展成为山东最大的电玩公司，拥有全国著名的电玩城，许多人慕名前来。

看着公司发展得这么好，范某又想将公司上市。于是他找到一家顾问公司，请求顾问公司帮助自己的公司顺利上市。范某与顾问单位达成约定：如果电玩公司成功上市，则范某将自己持有的电玩公司的10%股份无条件转让给顾问公司。但是范某的这个做法遭到了公司股东的一致反对，股东都觉得10%的股份有点多了。但由于范某是控股股东，拥有52%的股权，即使其他股东不同意这个做法，但还是通过了这项决定。

最后电玩公司并没有如期、如约上市。范某不甘心，仍然不顾其他股东的反对，执意想让电玩公司上市。后因为这件事，范某和其他股东发生了激烈的争吵。虽然范某是电玩公司的控股股东，但是根据董事会投票结果，5人董事会中4人同意另立董事长。至此，范某不再担任董事长。

大股东如何避免被小股东"绑架"，笔者提出两点建议。

1.搭建合理的治理结构。完善"三会一层"建设，即有完整的股东会、董事会、监事会和经理层。设置专门的监管部门，这不仅可以有效地制约小股东，还能够充分地调动股东的情绪，为企业的协调发展起到举足轻重的作用。

2.设置合理的治理机制。一套运行机制设置得是否合理、得当，能够在公司的长远发展中得到体现。公司的治理机制相当于计算机的应用软件，设置得好，能充分调整公司人员的主观能动性，设置得不好，会有消极影响。

10.3 如何与资源丰富的合伙人合作

合作讲究互补。互补有可能是强强联合，各自发挥长处；也有可能是"凑数"。因此，合伙过程中可能会遇到资源丰富的合伙人。面对这种情况，针对不同性格的合伙人，有不同的处理办法。如果遇到"遇强则强"的合伙人，笔者建议多学习对方的长处，加强对自己的投资，争取做到"他强你更强"；如果遇到心思比较细腻，性格比较温和的合伙人，笔者则建议收敛自己的锋芒。

要讨论如何与资源丰富的合伙人合作，就要先看看下面这个案例。

➡ 【案例】

小文是一家外企的人力资源主管兼销售总监，从业多年，具备丰富的人力资源管理和销售经验，拥有大量的人力资源。一天，他在朋友的聚会中认识了周老板。周老板是做房地产生意的，正准备扩大公司规模。二人很聊得来，于是周老板邀请小文到他的房地产公司做销售总监。小文觉得机会不错，在对周老板的公司进行初步考察后，便加入了。周老板则觉得自己能够得到小文的帮助，公司一定能够发展得很好。

同时，周老板转让了20%的股份给小文，希望他能够凭借之前攒下的资源，为自己的房地产公司做好销售。

小文由于突然变成了一家公司的股东，于是花了很多的时间和精力在公司管理上，并且做得很好。但是周老板就感觉有点郁闷了，认为这明明是自己开的公司，小文干的比自己还多。同时，小文渐渐地不再对销售上心，公司的业绩一天不如一天。而小文对周老板的怒气却丝毫没有察觉。

从上述案例可以看出，周老板主要犯了以下四个错误。

第一，过于热情。俗话说细水长流。周老板在只与小文有一面之缘之后就邀请他加入自己公司的做法实在危险。周老板在不做背景调查的情况下就将小文拉进公司，这使得小文的自信心高涨，提了很多过分的要求，以为公司是以自己为中心的。

第二，过于相信资源，反而忘了保护自己的权益。没有明确的分工，缺乏协议和制度的约束导致合作中出现各种问题。

第三，错误地把小文所拥有的资源当成资产，从而赠予其股份。笔者认为，对于小文这种带着资源来公司的合作者，除了股权激励，还有其他激励方式。股权并不是一时的奖励，它是一种持续性的鼓励。而且股权除了代表财富，还代表着权力。社会关系等资源具有很强的依附性。相关人员离开这家公司时可以将这些资源带到下一家公司。因此，因为合伙人具有丰富的资源就给予其较多的股份，是极其不冷静的做法。

第四，没有牢牢掌握公司的控制权，反而让持股 20% 的合伙人占了上风。公司是周老板自己创立的，资金就是一种资源。周老板应该充分地发挥自己的长处，而不是暗暗生气。

关于如何与资源丰富的合伙人合作这个问题，笔者给出以下几点建议。

1. 明确资源的分类，即明确什么是可以用于出资的资源，什么是不可以用于出资的资源。一般来说，可以长期利用且所有权能够转移的资源是十分具有价值的。短期内有较高价值的资源，应当平衡至各期后再确定价值。资金、实物这种看得见摸得着的物质资源通常价值较高；技术、专利等无形资产则需要经过评估后，方可确定其价值。一些非物质资源，如客户关系、销售渠道等一般不应作为出资的资源。

【案例】

小曹和小闫是大学同学。在一次同学聚会上两人决定合伙创业。小曹拥有社会关系资源，小闫拥有资金。

一个月后，双方签订合作协议，明确约定由小闫出资设立公司，小曹以其社会关系资源入股，并持有公司50%的股份。

但公司在运营了两年后仍然没有取得盈利。小曹凭自己是公司50%股权的持有者，随意花公司的钱。

其实，小曹根本就没有所谓的社会关系资源。小闫知道后很生气！最后导致公司倒闭，同学情谊不复存在。

在上述案例中，小曹所说的"社会关系资源"正是前文所说的非物质资源。这种资源既不可以转让，也不具有确定性，是不可以作为出资资源的。但小闫并没有意识到这点，才错误地把50%的股份给了小曹，为公司的发展埋下了祸根。

即使一些非物质资源可以作为出资的资源，也不能直接按其表面价值入股。以现金、实物出资的合伙人，还要评估这种资源是否与公司发展项目相匹配，是否有利于公司的发展。比如，公司的主营业务是房地产，而合伙人投资入股的是服装资源，这种"驴唇不对马嘴"的搭配，也是不可以的。

2. 入股的资源具有专一性。如果出资的某种资源是各个公司共用的，那也不可以作为出资资源。因为合伙人有可能"一物多卖"。而合伙的核心就是各合伙人共同承担风险。

【案例】

帅某与田某合伙创办了一家公司,因为帅某善于交际,所以要参加各种各样的应酬,花费比较大。真正让田某苦恼的是帅某参加的有些应酬是为了公司的发展,有些应酬只是请自己的朋友吃饭。渐渐地,这成了田某的心病,于是他找到帅某讨论这件事情。但是帅某不但觉得自己没有错,反而说就算这些应酬维系的是他自己的朋友,他们以后对公司可能有帮助。一时田某无言以对。

虽然无法反驳,但是这件事还是让双方的信任逐渐瓦解。最后发展为两人互不相容的情况。

3.尽可能地减少入股资源对合伙人的人身依附性。如果某种资源对合伙人的人身依附性过强,那么公司就会对该合伙人产生依赖性,从而对公司的长期发展不利。

【案例】

王某在房屋设计行业小有成就,工作多年积累了大量的资源。后来杜某因为他的手艺和资源,提出要与王某合资开一家房屋设计公司。为了有更好的发展,王某同意了。刚开始的合作还算顺利,但是杜某慢慢地发现王某并没有与自己深入合作的想法,而且许多客户和资源都是冲着王某来的。王某在接待客户的时候也有意地避开自己。杜某感觉自己随时都有可能失去合伙人这一身份。

对于上述案例情况,杜某就应该迅速地与王某进行沟通,或者学习房屋设计的相关知识,展现自己对公司发展的价值,否则,失去合伙人这一身份就是早晚的事。

总而言之,在与资源丰富的合伙人合作时,一定不能只看眼前的利益,还要把合作的细节规范好。否则，一件小事都有可能为双方的合作埋下隐患，最终可能导致合作终止，相信这样的结果是任何创业者都不愿意看到的。

10.4 合伙过程中资源中断怎么办

电视剧中经常出现公司资源中断的情况,这主要是因为管理较大的公司的难度非常大,出现危机不可避免。遇到资源中断时想办法解决是一方面,更重要的是提前做好防备,制定备用方案。

大家都喜欢与资源丰富者合作,因为觉得这样风险小。但是市场是变幻莫测的,能够完全掌控市场的人是不存在的。因此,合伙人要找的就是能够相对准确预测市场走向,并且能够迎合市场走向的人。但总会有预测失误的时候。所以笔者认为,如何应对资源中断是一件合伙人应该在公司成立初期就考虑好的事情,以免到时候手忙脚乱。

【案例】

2017年,在老家县城已经开了一家服装店的路某带着100万元资金到北京打拼,打算将自己的服装店开到北京。但是100万元远远不够,于是他找到自己在北京的朋友乙,提出合资开服装店,刚好乙也从事服装行业,只不过是公司的员工。但他说自己有客户资源,自己知道进货渠道。于是同年年底,服装店就成立了。

刚开始的时候,乙总是能找到进价便宜、质量好的衣服,加上两个人能吃苦,公司发展得很好。但因为各种情况,进货渠道不再供货了。一时之间两人找不到更合适的进货渠道,营业额便开始下滑。

路某开始责备乙。乙也是非常气愤,认为路某除了发牢骚什么也做不了,全靠自己一人经营。这使得两人不欢而散，公司倒闭。

没有人可以准确地预测未来的发展，合伙人能做的就是未雨绸缪，在资源中断之前，想好应对之策。关于应对资源中断的措施，笔者有以下几点建议。

1.善用已有的资源，提前做好资源的整合与创造。有人说："缺少资金、设备、雇员等资源实际上是一个巨大的优势，因为这会迫使创业者把有限的资源集中在有价值的地方，进而为企业带来利润。"这告诉我们在资源紧缺或者中断的时候不要慌，要利用现在有的资源去创造缺乏的资源。能通过独有的经验和技巧对现有的资源加以整合创造的人才是真正聪明的创业者。

2.让自己的资源多元化。拥有的资源种类越多，越能够娴熟地利用资源。要学会用A资源来补足B资源。资源中断在公司的发展过程中是很容易出现的。大公司的优势在于拥有的资源种类多。小公司在发展的过程中很容易将自己的路越走越窄，从一方面说这叫"专业化"，但从另一方面来说，这也大大降低了公司应对危机的能力。因此，一定要让自己的资源多元化！

3.设置合理的利益机制。这里要提醒的是：不要把自己所有的资源都放在发展较好的项目上。对合伙人也一样，不要把所有的利益都给予目前贡献最大的合伙人，要为以后的发展留下空间。这样做不仅可以帮助公司维护潜在的资源提供者，还能够使公司在核心资源中断时借力发展。

资源是有限的，但人的智慧是无穷的。创造资源困难，整合资源容易；创造资源很慢，整合资源却很快。因此合伙人不应该只顾眼下的发展，还应该具有更长远的发展眼光。合伙人应该不断地积蓄力量，运作资源，然后在公司遭遇危机的时候发挥价值。

附录

全书法律法规适用版本

1.《中华人民共和国公司法》其于1993年12月29日第八届全国人民代表大会常务委员会第五次会议通过，于1999年、2004年、2005年、2013年、2018年经多次修正修订。本书依据的是2018年10月26日第十三届全国人民代表大会常务委员会第六次会议《关于修改〈中华人民共和国公司法〉的决定》第四次修正后的版本。

2.《最高人民法院关于适用〈中华人民共和国公司法〉若干问题的规定（三）》。其于2010年12月6日，最高人民法院审判委员会第1504次会议通过。本书依据的是2014年2月17日由最高人民法院审判委员会第1607次会议修正后的版本。

3.《第九次全国法院民商事审判工作会议纪要》。本书依据的是于2019年7月3日至4日在黑龙江省哈尔滨市召开的全国法院民商事审判工作会议后印发的会议纪要。2019年11月8日，《全国法院民商事审判工作会议纪要》由中华人民共和国最高人民法院印发并生效。

4.《中华人民共和国合伙企业法》其由第八届全国人民代表大会常务委员会第二十四次会议于1997年2月23日修订通过，自1997年8月1日起施行。本书依据的是由中华人民共和国第十届全国人民代表大会常务委员会第二十三次会议于2006年8月27日修订通过的版本，该版本自2007年6月1日起施行。

5.《中华人民共和国公证法》其由第十届全国人民代表大会常务委员会第

十七次会议于 2005 年 8 月 28 日修订通过，自 2006 年 3 月 1 日起施行。本书依据的是 2017 年 9 月 1 日第十二届全国人民代表大会常务委员会第二十九次会议修正后的版本。

6.《上市公司股权激励管理办法》。本书依据的是由中国证券监督管理委员会于 2016 年 7 月 13 日发布，自 2016 年 8 月 13 日起施行的版本。

7.《中华人民共和国律师法》。其经 1996 年 5 月 15 日第八届全国人民代表大会常务委员会第十九次会议通过，自 2008 年 6 月 1 日起施行。本书依据的是 2017 年 9 月 1 日第十二届全国人民代表大会常务委员会第二十九次会议《关于修改〈中华人民共和国法官法〉等八部法律的决定》第三次修正后的版本。

合伙企业入伙协议

根据《合伙企业法》及本合伙企业合伙协议的有关规定，合伙企业全体合伙人于××××年××月××日召开了合伙人会议。会议由全体合伙人参加，经全体合伙人一致通过，做出以下决定：

1. 经全体合伙人一致同意，同意____入伙，成为____合伙企业的有限合伙人（或：普通合伙人）；……。新合伙人需按合伙协议履行出资义务。

2. 新合伙人的名称（或者姓名）：

出资方式及出资额：

出资方式：

出资额为___万元。

…………

3. 订立本入伙协议时，原合伙人已经向新合伙人如实告知了合伙企业的经营状况和财务状况。

4. 入伙的新合伙人按《合伙企业法》和修改后的合伙协议享有权利、承担责任。

5. 新合伙人是普通合伙人的，对入伙前合伙企业的债务承担无限连带责任；新合伙人是有限合伙人的，对入伙前合伙企业的债务以其认缴的出资额为限承担责任。

6. 本协议原件合伙人各持一份，并报合伙企业登记机关一份。本协议经新合伙人和原合伙人签字、盖章后生效。

合伙企业

（合伙企业盖章）

新入伙合伙人签字、盖章：

原全体合伙人签字、盖章：

日期： 年 月 日

注：1.合伙人是自然人的，由本人签字；合伙人是法人或其他组织的，由法定代表人（负责人）签字并加盖公章。

2.以上涉及合伙企业名称的都应写明全称。

最高人民法院关于适用《中华人民共和国公司法》若干问题的规定（三）

（2010年12月6日最高人民法院审判委员会第1504次会议通过，根据2014年2月17日最高人民法院审判委员会第1607次会议《关于修改关于适用〈中华人民共和国公司法〉若干问题的规定的决定》第一次修正，根据2020年12月23日最高人民法院审判委员会第1823次会议通过的《最高人民法院关于修改〈最高人民法院关于破产企业国有划拨土地使用权应否列入破产财产等问题的批复〉等二十九件商事类司法解释的决定》第二次修正）。

为正确适用《中华人民共和国公司法》，结合审判实践，就人民法院审理公司设立、出资、股权确认等纠纷案件适用法律问题作出如下规定。

第一条　为设立公司而签署公司章程、向公司认购出资或者股份并履行公司设立职责的人，应当认定为公司的发起人，包括有限责任公司设立时的股东。

第二条　发起人为设立公司以自己名义对外签订合同，合同相对人请求该发起人承担合同责任的，人民法院应予支持；公司成立后合同相对人请求公司承担合同责任的，人民法院应予支持。

第三条　发起人以设立中公司名义对外签订合同，公司成立后合同相对人请求公司承担合同责任的，人民法院应予支持。

公司成立后有证据证明发起人利用设立中公司的名义为自己的利益与相对人签订合同，公司以此为由主张不承担合同责任的，人民法院应予支持，但相对人为善意的除外。

第四条　公司因故未成立，债权人请求全体或者部分发起人对设立公司行为所产生的费用和债务承担连带清偿责任的，人民法院应予支持。

部分发起人依照前款规定承担责任后，请求其他发起人分担的，人民法院应当判令其他发起人按照约定的责任承担比例分担责任；没有约定责任承担比例的，按照约定的出资比例分担责任；没有约定出资比例的，按照均等份额分担责任。

因部分发起人的过错导致公司未成立，其他发起人主张其承担设立行为所产生的费用和债务的，人民法院应当根据过错情况，确定过错一方的责任范围。

第五条　发起人因履行公司设立职责造成他人损害，公司成立后受害人请求公司承担侵权赔偿责任的，人民法院应予支持；公司未成立，受害人请求全体发起人承担连带赔偿责任的，人民法院应予支持。

公司或者无过错的发起人承担赔偿责任后，可以向有过错的发起人追偿。

第六条　股份有限公司的认股人未按期缴纳所认股份的股款，经公司发起人催缴后在合理期间内仍未缴纳，公司发起人对该股份另行募集的，人民法院应当认定该募集行为有效。认股人延期缴纳股款给公司造成损失，公司请求该认股人承担赔偿责任的，人民法院应予支持。

第七条　出资人以不享有处分权的财产出资，当事人之间对于出资行为效力产生争议的，人民法院可以参照民法典第三百一十一条的规定予以认定。

以贪污、受贿、侵占、挪用等违法犯罪所得的货币出资后取得股权的，对违法犯罪行为予以追究、处罚时，应当采取拍卖或者变卖的方式处置其股权。

第八条　出资人以划拨土地使用权出资，或者以设定权利负担的土地使用权出资，公司、其他股东或者公司债权人主张认定出资人未履行出资义务的，人民法院应当责令当事人在指定的合理期间内办理土地变更手续或者解除权利负担；逾期未办理或者未解除的，人民法院应当认定出资人未依法全面履行出资义务。

第九条　出资人以非货币财产出资，未依法评估作价，公司、其他股东或者公司债权人请求认定出资人未履行出资义务的，人民法院应当委托具有合法资格的评估机构对该财产评估作价。评估确定的价额显著低于公司章程所定价额的，人民法院应当认定出资人未依法全面履行出资义务。

第十条　出资人以房屋、土地使用权或者需要办理权属登记的知识产权等财产出资，已经交付公司使用但未办理权属变更手续，公司、其他股东或者公司债权人主张认定出资人未履行出资义务的，人民法院应当责令当事人在指定的合理期间内办理权属变更手续；在前述期间内办理了权属变更手续的，人民法院应当认定其已经履行了出资义务；出资人主张自其实际交付财产给公司使用时享有相应股东权利的，人民法院应予支持。

出资人以前款规定的财产出资，已经办理权属变更手续但未交付给公司使用，公司或者其他股东主张其向公司交付、并在实际交付之前不享有相应股东权利的，人民法院应予支持。

第十一条　出资人以其他公司股权出资，符合下列条件的，人民法院应当认定出资人已履行出资义务：

（一）出资的股权由出资人合法持有并依法可以转让；

（二）出资的股权无权利瑕疵或者权利负担；

（三）出资人已履行关于股权转让的法定手续；

（四）出资的股权已依法进行了价值评估。

股权出资不符合前款第（一）、（二）、（三）项的规定，公司、其他股东或者公司债权人请求认定出资人未履行出资义务的，人民法院应当责令该出资人在指定的合理期间内采取补正措施，以符合上述条件；逾期未补正的，人民法院应当认定其未依法全面履行出资义务。

股权出资不符合本条第一款第（四）项的规定，公司、其他股东或者公司债权人请求认定出资人未履行出资义务的，人民法院应当按照本规定第九条的规定处理。

第十二条　公司成立后，公司、股东或者公司债权人以相关股东的行为符合下列情形之一且损害公司权益为由，请求认定该股东抽逃出资的，人民法院应予支持：

（一）制作虚假财务会计报表虚增利润进行分配；

（二）通过虚构债权债务关系将其出资转出；

（三）利用关联交易将出资转出；

（四）其他未经法定程序将出资抽回的行为。

第十三条　股东未履行或者未全面履行出资义务，公司或者其他股东请求其向公司依法全面履行出资义务的，人民法院应予支持。

公司债权人请求未履行或者未全面履行出资义务的股东在未出资本息范围内对公司债务不能清偿的部分承担补充赔偿责任的，人民法院应予支持；未履行或者未全面履行出资义务的股东已经承担上述责任，其他债权人提出相同请求的，人民法院不予支持。

股东在公司设立时未履行或者未全面履行出资义务，依照本条第一款或者第二款提起诉讼的原告，请求公司的发起人与被告股东承担连带责任的，人民法院应予支持；公司的发起人承担责任后，可以向被告股东追偿。

股东在公司增资时未履行或者未全面履行出资义务，依照本条第一款或者第二款提起诉讼的原告，请求未尽公司法第一百四十七条第一款规定的义务而使出资未缴足的董事、高级管理人员承担相应责任的，人民法院应予支持；董事、高级管理人员承担责任后，可以向被告股东追偿。

第十四条　股东抽逃出资，公司或者其他股东请求其向公司返还出资本息、协助抽逃出资的其他股东、董事、高级管理人员或者实际控制人对此承担连带责任的，人民法院应予支持。

公司债权人请求抽逃出资的股东在抽逃出资本息范围内对公司债务不能清偿的部分承担补充赔偿责任、协助抽逃出资的其他股东、董事、高级管理人员或者实际控制人对此承担连带责任的，人民法院应予支持；抽逃出资的股东已经承担上述责任，其他债权人提出相同请求的，人民法院不予支持。

第十五条　出资人以符合法定条件的非货币财产出资后，因市场变化或者其他客观因素导致出资财产贬值，公司、其他股东或者公司债权人请求该出资人承担补足出资责任的，人民法院不予支持。但是，当事人另有约定的除外。

第十六条　股东未履行或者未全面履行出资义务或者抽逃出资，公司根据公司章程或者股东会决议对其利润分配请求权、新股优先认购权、剩余财产分配请求权等股东权利作出相应的合理限制，该股东请求认定该限制无效的，人民法院不予支持。

第十七条　有限责任公司的股东未履行出资义务或者抽逃全部出资，经公司催告缴纳或者返还，其在合理期间内仍未缴纳或者返还出资，公司以股东会决议解除该股东的股东资格，该股东请求确认该解除行为无效的，人民法院不予支持。

在前款规定的情形下，人民法院在判决时应当释明，公司应当及时办理法定减资程序或者由其他股东或者第三人缴纳相应的出资。在办理法定减资程序或者其他股东或者第三人缴纳相应的出资之前，公司债权人依照本规定第十三条或者第十四条请求相关当事人承担相应责任的，人民法院应予支持。

第十八条　有限责任公司的股东未履行或者未全面履行出资义务即转让股权，受让人对此知道或者应当知道，公司请求该股东履行出资义务、受让人对此承担连带责任的，人民法院应予支持；公司债权人依照本规定第十三条第二款向该股东提起诉讼，同时请求前述受让人对此承担连带责任的，人民法院应予支持。

受让人根据前款规定承担责任后，向该未履行或者未全面履行出资义务的股东追偿的，人民法院应予支持。但是，当事人另有约定的除外。

第十九条　公司股东未履行或者未全面履行出资义务或者抽逃出资，公司或者其他股东请求其向公司全面履行出资义务或者返还出资，被告股东以诉讼时效为由进行抗辩的，人民法院不予支持。

公司债权人的债权未过诉讼时效期间，其依照本规定第十三条第二款、第十四条第二款的规定请求未履行或者未全面履行出资义务或者抽逃出资的股东承担赔偿责任，被告股东以出资义务或者返还出资义务超过诉讼时效期间为由进行抗辩的，人民法院不予支持。

第二十条　当事人之间对是否已履行出资义务发生争议，原告提供对股东履行出资义务产生合理怀疑证据的，被告股东应当就其已履行出资义务承担举证责任。

第二十一条　当事人向人民法院起诉请求确认其股东资格的，应当以公司为被告，与案件争议股权有利害关系的人作为第三人参加诉讼。

第二十二条　当事人之间对股权归属发生争议，一方请求人民法院确认其享有股权的，应当证明以下事实之一：

（一）已经依法向公司出资或者认缴出资，且不违反法律法规强制性规定；

（二）已经受让或者以其他形式继受公司股权，且不违反法律法规强制性规定。

第二十三条　当事人依法履行出资义务或者依法继受取得股权后，公司未根据公司法第三十一条、第三十二条的规定签发出资证明书、记载于股东名册并办理公司登记机关登记，当事人请求公司履行上述义务的，人民法院应予支持。

第二十四条　有限责任公司的实际出资人与名义出资人订立合同，约定由实际出资人出资并享有投资权益，以名义出资人为名义股东，实际出资人与名义股东对该合同效力发生争议的，如无法律规定的无效情形，人民法院应当认定该合同有效。

前款规定的实际出资人与名义股东因投资权益的归属发生争议，实际出资人以其实际履行了出资义务为由向名义股东主张权利的，人民法院应予支持。名义股东以公司股东名册记载、公司登记机关登记为由否认实际出资人权利的，人民法院不予支持。

实际出资人未经公司其他股东半数以上同意，请求公司变更股东、签发出资证明书、记载于股东名册、记载于公司章程并办理公司登记机关登记的，人民法院不予支持。

第二十五条　名义股东将登记于其名下的股权转让、质押或者以其他方式处分，实际出资人以其对于股权享有实际权利为由，请求认定处分股权行为无效的，人民法院可以参照民法典第三百一十一条的规定处理。

名义股东处分股权造成实际出资人损失，实际出资人请求名义股东承担赔偿责任的，人民法院应予支持。

第二十六条　公司债权人以登记于公司登记机关的股东未履行出资义务为由，请求其对公司债务不能清偿的部分在未出资本息范围内承担补充赔偿责任，股东以其仅为名义股东而非实际出资人为由进行抗辩的，人民法院不予支持。

名义股东根据前款规定承担赔偿责任后，向实际出资人追偿的，人民法院应予支持。

第二十七条　股权转让后尚未向公司登记机关办理变更登记，原股东将仍登记于其名下的股权转让、质押或者以其他方式处分，受让股东以其对于股权享有实际权利为由，请求认定处分股权行为无效的，人民法院可以参照民法典第三百一十一条的规定处理。

原股东处分股权造成受让股东损失，受让股东请求原股东承担赔偿责任、对于未及时办理变更登记有过错的董事、高级管理人员或者实际控制人承担相应责任的，人民法院应予支持；受让股东对于未及时办理变更登记也有过错的，可以适当减轻上述董事、高级管理人员或者实际控制人的责任。

第二十八条　冒用他人名义出资并将该他人作为股东在公司登记机关登记的，冒名登记行为人应当承担相应责任；公司、其他股东或者公司债权人以未履行出资义务为由，请求被冒名登记为股东的承担补足出资责任或者对公司债务不能清偿部分的赔偿责任的，人民法院不予支持。

股权代持协议书

甲方：

身份证号：

住所地：

乙方：

身份证号：

住所地：

甲、乙双方本着平等互利的原则，经友好协商，就甲方委托乙方代为持股事宜达成如下协议，以资共同遵照执行。

第一条 委托内容

甲方自愿委托乙方作为自己对××有限公司（以下简称"公司"）人民币万××元出资（该等出资占公司注册资本的××%，以下简称"代持股份"）的名义持有人，并代为行使相关股东权利，乙方愿意接受甲方的委托并代为行使该相关股东权利。

第二条 委托权限

甲方委托乙方代为行使的权利包括：由乙方以自己的名义将受托行使的代持股份作为在公司股东登记名册上具名、在工商机关予以登记、以股东身份参与相应活动、代为收取股息或红利、出席股东会并行使表决权以及行使公司法与公司章程授予股东的其他权利。

第三条 甲方的权利与义务

1. 甲方作为代持股份的实际出资者，对公司享有实际的股东权利并有权获得相应的投资收益；乙方仅以自身名义代甲方持有该代持股份所形成的股东权益，而对该等出资所形成的股东权益不享有任何收益权或处置权（包括但不限于股东权益的转让、质押、划转等处置行为）。

2. 在委托持股期限内，甲方有权在条件具备时，将相关股东权益转移到自己或自己指定的任何第三人名下，届时涉及的相关法律文件，乙方须无条件同意，并无条件承受。

3. 甲方作为代持股份的实际所有人，有权依据本协议对乙方不适当的受托行为进行监督与纠正，并有权基于本协议约定要求乙方赔偿因受托不善而给自己造成的实际损失，但甲方不能随意干预乙方的正常经营活动。

4. 甲方认为乙方不能诚实履行受托义务时，有权依法解除对乙方的委托并要求依法转让相应的代持股份给委托人选定的新受托人。

第四条 乙方的权利与义务

1. 未经甲方事先书面同意，乙方不得转委托第三方持有上述代持股份及其股东权益。

2. 作为公司的名义股东，乙方承诺其所持有的股权受到本协议内容的限制。乙方在以股东身份参与公司经营管理过程中需要行使表决权时至少应提前7日通知甲方并取得甲方书面授权。在未获得甲方书面授权的条件下，乙方不得对其所持有的代持股份及其所有收益进行转让、处分或设置任何形式的担保，也不得实施任何可能损害甲方利益的行为。

3. 乙方承诺将其未来所收到的因代持股份所产生的任何全部投资收益（包括

现金股息、红利或任何其他收益分配）均全部转交给甲方，并承诺在获得该等投资收益后三日内将该等投资收益划入甲方指定的银行账户。乙方如果不能及时交付，应向甲方支付等同于同期中国人民银行逾期贷款利息之违约金。

4.在甲方拟向公司之股东或股东以外的人转让代持股份时，乙方必须对此提供必要的协助及便利。

第五条 委托持股费用

乙方受甲方之委托代持股份期间，不收取任何报酬。

第六条 委托持股期间

甲方委托乙方代持股份的期间自本协议生效开始，至乙方根据甲方指示将代持股份转让给甲方或甲方指定的第三人时终止。

第七条 保密条款

协议双方对本协议履行过程中所接触或获知的对方的任何商业信息均有保密义务，除非有明显的证据证明该等信息属于公知信息或者事先得到对方的书面授权。该等保密义务在本协议终止后仍然有效。任一方因违反该等义务而给对方造成损失的，均应当赔偿对方的相应损失。

第八条 争议的解决

凡因履行本协议所发生的争议，甲、乙双方应友好协商解决，协商不能解决的，任一方均有权将争议提请甲方所在地人民法院起诉。

第九条 其他事项

1.本协议共三页，一式两份，协议双方各持一份，具有同等法律效力。

2.本协议自甲、乙双方签署后生效。

（以下无正文）

甲方（签字摁手印）：　　　年　月　日乙方（签字摁手印）：　　　年　月　日

一致行动人协议

甲方：A有限公司，作为×××有限公司的股东，持股比例为××%，所在地为××省××市××区××，法定代表人为×××。

乙方：B有限公司，作为×××有限公司的股东，持股比例为××%，所住地为××省××市××区××，法定代表人为×××。

为保证甲方对×××有限公司的实质控制权，经甲乙双方友好协商，达成如下协议。

一、在×××有限公司日常生产经营及重大决策方面，乙方承诺由甲方实施控制，甲方在做出的有关×××有限公司的财务和经营决策时（本协议第二条约定内容），乙方将予以支持并"一致行动"。

二、"一致行动"的内容包含但不限于以下方面：

（1）修改公司章程；

（2）中长期发展规划、经营方针、投资计划、融资计划；

（3）年度财务预算、决算、利润分配和亏损弥补方案；

（4）增减注册资本、合并、分立、解散、清算或变更公司形式；

（5）对公司业务性质做出重大改变或调整；

（6）资产抵押、对外担保、设立分支机构、发行公司债券；

（7）选举和更换董事、监事，决定有关董事、监事的报酬事项；

（8）投资、借款、委托理财、关联交易；

（9）固定资产采购及处置；

（10）管理机构设置；

（11）聘任或解聘公司高级管理层，包括但不限于：总经理、副总经理、财务总监、财务经理等；

（12）制定公司基本管理制度；

（13）其他根据公司法等有关法律法规和公司章程需要由公司股东会、董事会作出决议的事项。

三、双方承诺，本协议有效期内，除关联交易需要回避的情形外，双方保证在公司股东会、董事会行使表决权时按照双方事先协商所达成的一致意见行使表决权。

四、本协议一式两份，自签署之日起生效，有效期三年。有效期满，各方如无异议，自动延期三年。本协议有效期届满，经双方协商一致可以取消，否则本协议不可撤销。

（以下无正文）

甲方（盖章/签字）：　　　　乙方（盖章/签字）：

法定代表人或授权代表（签章）：　　　法定代表人或授权代表（签章）：

日期：　年　月　日　　　　日期：　年　月　日

签订地：　　　　　　　　　签订地：

退伙协议书（合伙企业）

甲方（退伙人）：

身份证号：

乙方（其他合伙人）：

身份证号：

丙方（其他合伙人）：

身份证号：

甲、乙、丙三方于××××年××月××日订立合伙协议，共同经营×××合伙企业。现甲方因与乙、丙两方发生严重分歧，提出退伙并经全体合伙人同意。

甲、乙、丙三方根据《中华人民共和国民法典》《中华人民共和国合伙企业法》以及相关法律法规的规定，在自愿、平等、友好协商的基础上，就甲方退伙事宜约定如下，以资共同遵守。

第一条　甲方于本协议生效之日起正式退出合伙企业。

第二条　甲、乙、丙三方于××××年××月××日按照退伙时合伙企业的财产进行结算，退还合伙人甲方共计人民币　　元，甲方确认本协议签字之日已收到上述款项。

第三条　甲方退伙后，合伙事业中若某些事项需要甲方予以协助完成的，甲方有义务予以配合，如变更有关登记事项、变更有关协议主体、履行未履行完毕的合同等。

第四条　甲方应于××××年××月××日前配合乙、丙两方办理证照变更手续。变更手续办理所需要的费用按照以下第__种方式执行。1.甲方支付证照变更手续所需的一切费用；2.全体合伙人按照出资比例分担。

第五条　证照变更手续办理完毕之前，乙、丙两方不得以甲方或者合伙企业的名义对外从事超出合伙企业经营范围及其他违反法律法规的事务。

第六条　甲、乙、丙三方承诺对双方合伙、退伙事宜均无隐瞒。任何一方隐瞒事实，造成其余方合法权益受到损害的，应承担相应的法律责任。

第七条　本协议未尽事宜以《中华人民共和国合伙企业法》的规定为准。本协议自甲、乙、丙三方共同签字确认后生效，一式三份，甲、乙、丙三方各执一份，各份文本具有同等法律效力。

第八条　甲方退伙后，×××合伙企业在甲方退伙前产生的任何债权债务与甲方无关，由乙、丙两方享有及分担。

第九条　甲方退伙后，×××合伙企业在证照变更手续办理完毕之前新产生的任何债权债务，乙、丙两方新设的主体在经营过程中产生的任何债权债务均与甲方无关，由乙、丙两方享有及分担。

第十条　甲、乙、丙任何一方或者几方违反约定的，应当赔偿守约方因此遭受的一切经济损失。

第十一条　非因法定事由或经甲、乙、丙三方协商一致，任何一方不得以任何理由解除、中止或者终止履行本协议。

第十二条　本协议未尽事宜，可由甲、乙、丙另行签订补充协议，补充协议与本协议具有同等法律效力。

第十三条 本协议履行过程中产生的任何争议,应先由甲、乙、丙三方友好协商解决。协商不成的,提交本协议签订地人民法院进行裁判。

乙方(盖章/签字): 甲方(盖章/签字):

法定代表人或授权代表(签章): 法定代表人或授权代表(签章):

日期: 年 月 日 日期: 年 月 日

签订地: 签订地:

退股协议书（有限责任公司）

甲方（转让方）：

身份证号：

乙方（受让方）：

身份证号：

甲乙双方根据《中华人民共和国公司法》等法律法规以及A公司（以下简称"该公司"）公司章程的规定，经友好协商，本着平等互利、诚实信用的原则，签订本股权转让协议，以资双方共同遵守。

第一条 股权的转让

1. 甲方将其持有的该公司＿＿％的股权转让给乙方。

2. 乙方同意接受上述转让的股权。

3. 甲方保证向乙方转让的股权不存在任何第三人的请求权，没有设置任何质押、抵押，未涉及任何争议及诉讼。

4. 本次股权转让完成后，乙方即享受＿＿％的股东权利并承担义务。甲方不再享受相应的股东权利和承担相应的义务。

5. 甲方应对该公司及乙方办理相关审批、变更登记等法律手续提供必要的协作与配合。

第二条 付款数额、时间与方式

1. 经甲、乙双方协商,本次股权转让价格为人民币___元(大写:____元整)。

2. 付款方式:采用一次性支付。乙方应于自本合同签订之日起5个工作日内,向甲方指定账户支付股权转让费共计__元。

甲方指定账户如下。

户名:

开户行:

账号:

第三条 违约责任

1. 甲方或该股权之上存在权利瑕疵导致转让手续无法完成,乙方有权解除合同,甲方应在2个工作日内全额退还乙方已付款项,并承担违约责任,向乙方支付违约金__元。

2. 如不可抗力因素(如国家政策、法律规定变动等),导致股权无法转让,合同双方均不承担违约责任。

3. 甲方在股权转让期间及股权转让结束之后,又就同一股权转让给他人的,乙方有权要求甲方全额退还乙方已付款项并解除本合同,对于由此给乙方造成的损失全部由甲方承担。

4. 甲、乙双方对本合同的书面资料及其他有关的商业机密负有保密责任,不得以任何形式、任何理由透露给任何第三方,如一方违约,应向对方承担违约责任,支付违约金__元。

第四条 附件

1. 本合同未尽事宜,双方可签订补充协议,与本合同具有同等法律效力。合同中除文本空格、双方签章信息外,均为印刷字体。手写部分(包括但不限于添加、删除、修改)须双方在手写处签章确认后才具备法律效力。

2. 本合同在履行过程中,如发生争议,甲、乙双方应友好协商。协商不成,合同任何一方均可向己方所在地人民法院提起诉讼。

3.本合同一式两份，双方各执一份，自双方法定代表人或授权代表签字盖章之日起生效，具有同等法律效力。

4.本合同甲、乙双方需要相互提供真实有效证件，如身份证、营业执照复印件等。

甲方（盖章/签字）： 乙方（盖章/签字）：

法定代表人或授权代表（签章）： 法定代表人或授权代表（签章）：

日期： 年 月 日 日期： 年 月 日

签订地： 签订地：

股权回购协议

甲方（回购方）：

法定代表人：

统一社会信用代码：

乙方（被回购方）：

（法定代表人）：

身份证号/统一社会信用代码：

1. 回购方系一家在中国成立的企业（营业执照统一社会信用代码为：××××），其注册地址为：××××，注册资本为：××××万元，实收资本为：××××万元。

2. 目前，回购方的股权结构如下。

股东名称/姓名	出资金额（万元）	出资比例
……	……	……
合计	……	100%

3. 回购方有意将被回购方持有的回购方××%的股权以协议的金额回购。

4. 被回购方有意转让上述股份。

因此，考虑到上述前提以及双方的相互承诺，双方达成协议如下。

一、定义

为本协议之目的，除非文义另有表示，以下词语具有如下含义。

工作日：星期一至星期五，但法定休息日和节假日除外。

中国：中华人民共和国。

股权回购：被回购方××%的股权根据本协议的规定从被回购方转让给回购方。

登记机关：负责回购方登记的××省××市××区工商行政管理局。

回购的股权：被回购方在本协议签署时持有的回购方××%的股权，包括该××%的股权所代表的被回购方对回购方注册资本、资本公积、任意公积、未分配利润，以及本协议签署后成交之前宣布或批准的利润的全部的权利、利益及相对应的股东义务。

回购价：协议约定之转让价。

目标公司：本协议约定的回购方与被回购方达成的股权所在的企业。

二、股权回购

1. 回购

根据本协议条款，股权回购方以向股权被回购方支付第三条中所规定之回购价款作为对价，按照本协议第四条规定的条件回购股权，回购股权为被回购方所持有的回购方××%的股权。

2. 股权变更

在股权回购完成后，回购方持有被回购方原持有的××%的股权。回购方作为内资企业，应向登记机关申请股权变更登记。

3. 递交申请文件

本协议经双方签署并且完成了股权回购所必要的所有其他公司程序后，被回购方应促使目标公司向审批机关提交修改后的目标公司的合同与章程，并向工商行政管理机关提交目标公司股权变更所需的各项文件，完成股权变更手续。

三、转让价格及支付

1. 回购价格

双方确认并同意，被回购方曾以××出资入股成为回购方公司的股东，现以被回购方出资入股的原金额的××%为本协议股权回购的对价，具体价款为人民币××元（大写××元整）。自本协议签署之日起××个工作日内，回购方应向被回购方支付该等回购价款。回购价指回购股权的购买价，包括回购股权所包含的各种股东权益。该等股东权益指依附于回购股权的所有现时和潜在的收益，包括目标公司所拥有的全部动产和不动产、有形和无形资产的××%所代表之利益。

双方确认并同意，该股权回购价格是回购方向被回购方支付的全部价款，回购方没有义务就本协议项下的股权回购向被回购方支付任何额外的款项，回购方亦无权因任何未披露债务要求被回购方承担偿还责任。

2. 税收

回购方和被回购方各自负责缴付有关法律要求该方缴纳的与本协议项下股权回购有关的税款和政府收费。

四、股权回购之先决条件

股权回购以下全部事件或交易出现或完成为先决条件：

（1）被回购方股东会通过批准根据本协议条款进行的股权出让的决议；

（2）被回购方的其他股东愿意就出让的股权放弃优先购买权；

（3）被回购方促成回购方到登记机关完成了股权回购的有关变更登记手续；

（4）双方同意尽最大的努力促成本协议上述规定的先决条件的满足。

五、陈述与保证

1.每一方的陈述与保证

本协议一方现向对方陈述并保证如下：

（1）每一方陈述和保证的事项均真实、完整和准确；

（2）每一方均系具有法人资格/完全民事行为能力的公司/自然人（按中国法律设立并有效存续，拥有独立经营及分配和管理其所有资产的充分权利）；

（3）具有签订本协议所需的所有权利、授权和批准，并且具有充分履行其在本协议项下每项义务所需的所有权利、授权和批准；

（4）其合法授权代表签署本协议后，本协议的有关规定构成其合法、有效及具有约束力的义务；

（5）无论是本协议的签署还是对本协议项下义务的履行，均不会抵触、违反或违背其营业执照/公司章程或者任何法律法规、政府机构、机关的批准，或其为签约方的任何合同或协议的任何规定；

（6）至本协议生效日止，不存在可能会构成违反有关法律或可能会妨碍其履行在本协议项下义务的情况；

（7）不存在与本协议规定事项有关或可能对其签署本协议或履行其在本协议项下义务产生不利影响的悬而未决或威胁要提起的诉讼、仲裁或其他法律、行政或其他程序或政府调查；

（8）已向另一方披露其拥有的与本协议拟定的交易有关的任何政府部门的所有文件，并且先前向他方提供的文件均不包含对重要事实的任何不真实陈述或忽略陈述而使该文件任何内容存在任何不准确的重要事实。

2.被回购方的进一步保证和承诺

（1）除于本协议签署日前以书面方式向股权回购方披露者外，并无与股权被回购方所持目标公司股权有关的任何重大诉讼、仲裁或行政程序正在进行、尚未了结或有其他人威胁进行。

（2）除本协议签订日前书面向股权回购方披露者外，股权被回购方所持目标公司股权并未向任何第三者提供任何担保、抵押、质押、保证，且股权出让方为该股权的合法的、完全的所有权人。

（3）目标公司于本协议签署日及股权回购完成日，均不欠付股权出让方任何债务、利润或其他任何名义之金额。

3. 保证和承诺的效力

除非本协议另有约定，本协议第五条第①、②款的各项保证和承诺、第六条第②款及第八条在完成股权回购后仍然具有法律效力。倘若在第四条所述先决条件全部满足前有任何保证和承诺被确认为不真实、误导或不正确，或尚未完成，则回购方可在收到前述通知或知道有关事件后十四日内给予被回购方书面通知，撤销回购股权而无须承担任何法律风险。被回购方承诺在第四条所述先决条件全部满足前如出现任何严重违反保证或与保证严重相悖的事项，都应及时书面通知股权受让方。

六、成交和保密

1. 股权回购完成日期。

本协议经签署即生效，在股权回购所要求的各种变更和登记等法律手续完成时，股权回购方即取得回购股权的所有权。

2. 保密。

双方同意对了解或接触到的机密资料和信息（以下简称"保密信息"），尽力采取各种合理的保密措施予以保密；非经另一方的事先书面同意，任何一方不得向任何第三方泄露、给予或转让该等保密信息。双方应当采取必要措施将保密信息仅披露给有必要知悉的代理人或专业顾问，并促使该等代理人或专业顾问遵守本协议项下的保密义务。

上述限制不适用于：在披露时已成为公众一般可取得的资料；并非因任何一方的过错在披露后成为公众一般可取得的资料；任何一方依照法律要求，有义务向有关政府部门、股票交易机构等披露，或任何一方因其正常经营所需，向其直接法律顾问和财务顾问披露上述保密信息。

双方同意，不论本协议是否变更、解除或终止，本条均持续有效。

七、违约与救济

1.双方应严格履行本协议规定的义务。任何一方（在本条中以下称为"违约方"）不履行、不完全或不适当履行其在本协议项下的义务，或其在本协议中的陈述与保证被证明为不真实、不准确或有重大遗漏或误导，即构成违约；在这种情况下，本协议另一方（在本条中以下称为"守约方"）有权独自决定采取以下一种或多种救济措施：

（1）暂时停止履行其在本协议项下的义务，待违约方将违约情势消除后恢复履行；

（2）如果违约方在违约行为导致股权转让无法完成，或严重影响了守约方在签署本协议的商业目的而且无法弥补，或者虽然可以弥补但违约方未能在合理的时间内予以弥补，则守约方有权向违约方发出书面通知单方面解除本协议，协议自该通知到达违约方后解除；

（3）要求违约方赔偿其所有的损失，包括因本协议发生的所有成本和费用。

2.本协议规定的权利和救济是累积的，且不排斥法律规定的其他权利或救济。

3.本条规定的守约方的权利和救济在本协议或本协议的任何其他条款因任何原因而无效或终止的情况下仍然有效。

八、法律适用

本协议的签署、有效性、解释、履行、执行及争议解决，均使用中国法律并受其管辖。

九、争议解决

双方如就本协议的解释或履行发生争议，首先应努力通过友好协商解决。

如果在六十日内双方经协商对争议仍然无法达成一致意见，该争议应依本协议规定提交仲裁，以作为最终及排他的解决方式。仲裁应提交××仲裁委员会并按该委员会届时有效的仲裁规则进行；该规则内容应该被认为以梯级方式包括在本条内。申请人一方和被申请人一方各自选定一名仲裁员。任何一方未能在仲裁规则规定期限内选定仲裁员的，由××仲裁委员会主任指定。第三名仲裁员为首席仲裁员，由××仲裁委员会主任指定。仲裁应于××进行。仲裁裁决为终局裁决，对双方都有约束力。

十、生效和变更

（1）本协议自双方签署本协议之日起生效。

（2）对本协议的任何变更除非经双方书面签署，否则不生效。

十一、通知

本协议条款之下所允许或被要求发出的所有通知以航空挂号邮递、快递或传真书面通知方式发送至另一方如下地址（或另一方书面通知的其他地址），则应视为通知发出方已经适当履行了通知义务。本协议下收到通知的日期或通信往来的日期为信件寄出后的五日（如果以快递等邮寄方式递交的信件），或者是发出后的两个工作日（如果以传真方式发送）。

送至回购方

地址：

邮编：

收件人：

联系电话：

送至被回购方

地址：

邮编：

收件人：

联系电话：

十二、其他

（1）本协议构成双方之间有关本协议事项的完整协议，取代此前与本协议相关的任何意向或谅解，并且只有经双方授权代表签署书面文件方可修改或变更。

（2）本协议条款可分割，即如果任何条款被认定为不合法或不可执行，该条款应当从本协议中取消，且不影响本协议其他条款的效力。

（3）任何一方不行使或迟延行使本协议项下或与本协议有关的任何其他合同或协议项下任何权利、权力或特权不应视为对该权利、权力或特权的放弃，并且任何个别或部分地不行使任何权利、权力或特权不应妨碍任何将来的对该权利或特权的任何行使。

（4）本协议以中文写成并签署，一式六份，其中回购方和被回购方各两份、被回购方留存两份备档或用于登记；各份文本具有同等的法律效力。

甲方（盖章/签字）：　　　　乙方（盖章/签字）：

法定代表人或授权代表（签章）：　　　法定代表人或授权代表（签章）：

日期：　年　月　日　　　　日期：　年　月　日

签订地：　　　　　　　　　签订地：

股东利润分配协议书

甲方：　　　　　　身份证号：

乙方：　　　　　　身份证号：

丙方：　　　　　　身份证号：

丁方：　　　　　　身份证号：

甲、乙、丙、丁各方本着互利互惠、共同发展的原则，经充分协商，依据法律规定，各股东经过慎重研究，就经营位于____的____达成股东协议如下。

一、股权比例、分红比例

本条所称的股权比例除特殊约定外理解为表决权、分红权。

1. 甲、乙双方共同以现金出资，约定股权比例为__%，对__的全部资产享有完全的所有权及处分权；分红比例为__%。

2. 丙方以技术管理入股，约定股权比例为__%；分红比例为__%。因丙方作为技术股东，经丙方提议，并由其余四股东协商后同意每月给予其__元，一年共人民币__元的年终奖励，按照第二条约定的支付方式支付。

3. 丁方以现金 万元入股，约定股权比例为__%；分红比例为__%。

二、分红方式

1. 各方约定从2×20年3月1日起至2×21年2月28日止为一个分红年度，

各方约定在本分红年度末进行分红。在本分红年度内的所有的收入，应当先扣除全部经营费用（包括但不限于进货成本、宣传费用、工人工资、水电费等），剩余的净利润按以下顺序依次进行分配。

2. 甲乙双方按照从接手之日到2×20年5月1日___公司全部投资（除工人工资外的全部沉淀投资，具体数额以后期核算的为准）的15%优先从本分红年度末净利润中计提。

从净利润中优先计提上述约定的全部投资的15%后，剩余部分再按以下顺序依次进行分配。

①按第一条约定的分红比例进行分红；②分红后剩余部分，优先支付第一条第2款约定的丙方的年终奖励；③剩余部分，作为员工年终奖励。

三、经营、管理权限

1. 丙方在__公司享有最高的管理权限（包括但不限于员工的调配、采购、销售等的执行）和运营权限（包括但不限于宣传、市场占有、经营渠道）。丙方作为__公司的经营、管理第一责任人，应当负责__公司的生存、发展，有以下义务：设定经营目标；提起经营方案；参照目标方案进行经营管理及员工调配；员工绩效考核等。

2. 丁方在__公司享有与丙方相同的运营权限；协助丙方经行管理。丁方对公司经营管理负责，作为__公司宣传、营销策划的第一责任人。

3. 公司经营、管理模式采取提议制，运营、管理方案经股东会决议通过后方可实施。甲方对__公司的全部提议、提案享有一票否决权。

4. 乙方在__公司享有一切资金的最高管理权限（包括但不限于__公司的一切资金的收入、保管管理、支出、核准）。

5. 甲、乙双方在__公司享有一切对外事务（包括但不限于__公司对外的业务拓展、金融项目、对外合作）的最高权限。

四、特别约定

1. 公司经营过程中在当月单笔支出不超过3000元的，丙方可单独审批；在当月单笔支出在3000—10 000元的，由丙、丁方共同审批；当月丙、丁方所有审批的总额累计不得超过2万元，超过部分须得到甲方的授权后方能审批。__公司全部支出须报备至乙方核准。

2. 公司全体员工的薪酬由甲、乙方共同制定，由甲、乙双方支付。薪酬方案的调整可由丁方提案由全体股东决议通过后实施。

3. 乙方的特别助理对__公司的一切资金的收入、支出等在乙方的授权下有审核及监督的权利。乙方特别助理的更换由乙方特别指定。

4. 本协议中关于股权比例、分红比例及分红方式在本分红年度内有效。2×21年3月1日后另行达成补充协议。

五、违约责任

任何一方有违反本协议约定的违约行为，守约方都有权追究其违约责任，并让违约方承担因违约造成的损失，包括但不限于：实际损失、间接损失、律师费、差旅费、诉讼费等。

六、生效及争议解决

本协议经各方签字摁手印后生效，协议中如有未尽事宜，由股东共同协商做出补充规定。如因履行本协议出现纠纷，应首先协商，协商不成的，各方可向公司所在地人民法院起诉。

本协议正本一式五份，甲方、乙方、丙方、丁各持有一份，__公司留存一份，各份文本具有同等效力。

甲方：　　年 月 日　　　　乙方：　　年 月 日
丙方：　　年 月 日　　　　丁方：　　年 月 日

股权转让协议书

（适用于持股的高级管理人员、核心技术人员等）

本协议由以下转让双方于 2×21 年 × 月 × 日在 × 区签署。

转让方（以下简称"甲方"）：

身份证号：

地址：

联系电话：

受让方（以下简称"乙方"）：

身份证号：

地址：

联系电话：

1. ××××公司（以下简称"公司"）为有限责任公司。公司的注册成立日期、注册资本数额及其他有关资料载于其注册证书。

2. 截至本协议签署时，乙方受聘于公司担任 ×× 职务，为经该公司董事会审核确认符合公司认购无表决权的记名股份资格的董事、高级管理人员或核心技术人员。

3. 甲方持有公司 ××× 股份，占公司注册资本总额的 ××%；现甲方决定将所持有的公司×××股无表决权的记名股份按照本协议规定的条件转让给乙方。

4.本次股份转让是甲、乙双方严格按照《公司章程》和董事、高级管理人员或核心技术人员持股方案的规定进行的股份转让交易。

现甲、乙双方本着自愿、平等、公平、诚实信用的原则，经协商一致，达成如下协议。

第一条 转让标的、转让价格与付款方式

1.甲方同意将所持有的公司×××股无表决权的记名股份以人民币×××元的价格转让给乙方，乙方自愿按此价格和条件购买该股份。

2.甲方拟出售的股份连同其附有或应计之所有权利一同转让。

3.乙方应于本协议签订当日一次性将转让价款付至甲方指定的银行账号：

收款人：

开户银行：

账号：

第二条 保证

1.甲方保证所转让给乙方的股份是甲方在公司的真实出资，是甲方合法拥有的股份，甲方具有完全的处分权。该股份未被任何有权机关冻结、拍卖，没有设置任何抵押、质押等担保或存在其他可能影响乙方利益的瑕疵，并且在上述股份转让交割完成之前，甲方将不以转让、赠予、抵押、质押等任何影响乙方利益的方式处置该股份。

2.公司不存在转让方未向受让方披露的现存或潜在的重大债务、诉讼、索赔和责任。否则，由此引起的所有责任，由甲方承担。

3.乙方承认《公司章程》和董事、高级管理人员或核心技术人员持股方案，并且保证按照上述文件的规定履行职务股股东的权利和义务。

第三条　股份转让交易的完成

1. 甲方应当于收到乙方支付的股份转让价款后3日内通知公司办理股份登记册变更登记手续。

2. 公司股份登记册变更登记手续的完成，即公司将乙方的名称记载于股份登记册时即为本协议股份转让交易之完成。

3. 股份登记册变更登记手续完成后，乙方即成为公司之职务股东，按照《公司章程》和董事、高级管理人员或核心技术人员持股方案的有关规定享有公司职务股股东权利、承担公司职务股股东责任和义务。

第四条　甲、乙双方一致同意：乙方若不再担任公司或其关联企业（关联企业范围由公司董事会确定）董事、高级管理人员或核心技术人员，则丧失职务股股东身份，乙方根据本协议第一条规定购入并持有的职务股（公司×××股无表决权的记名股份）应当由甲方强制回购。

第五条　回购价格按照乙方职务终止时公司上月末经注册会计师审计的每股净资产计算。

甲方应当于乙方职务终止时后30日内一次性付清股份回购价款。若乙方或其继承人接甲方通知后未及时向甲方受领股份回购价款，则甲方不承担逾期付款的违约责任且可以将股份回购价款提存至该公司，提存期间的利息按照同期银行活期存款利率计算，归乙方所有。

第六条　股份回购交易的完成

1. 甲、乙双方一致同意，当乙方职务终止时，甲方有权通知公司董事会，由公司董事会根据相关证明材料，按照本协议，《公司章程》及董事、高级管理人员或核心技术人员持股方案的有关规定，于30日内办理股份登记册变更登记手续，即将甲方姓名作为所回购股份的持有人（股东）记载于股份登记册上。

上述股份登记册变更登记手续的完成即为本协议股权回购交易之完成。

2. 乙方及其继承人与甲方之间有关转让价款及其支付的争议不影响该公司及董事会按照本协议、《公司章程》及董事、高级管理人员或核心技术人员持股方案的相关规定办理有关股东变更的股份登记册变更登记手续。

3. 甲、乙双方一致同意，公司董事会仅依据本协议第七条的规定作为乙方职务终止事实的确认标准，排除其他一切争议。

第七条 乙方在公司或其关联企业担任董事或高级职员职务于发生以下情形之一时终止：

1. 所担任董事、高级管理人员或核心技术人员职务任期届满未连任的；

2. 乙方辞去所担任董事、高级管理人员或核心技术人员职务的；

3. 公司或其关联企业免去乙方所担任的董事、高级管理人员或核心技术人员职务的；

4. 乙方与聘用单位协商一致离职的；

5. 乙方退休的；

6. 乙方死亡，或者被有权机关宣告死亡或者宣告失踪的。

有本条第1项情形的，乙方所担任董事、高级管理人员或核心技术人员职务于任期届满之日终止。

有本条第2、3项情形之一的，乙方所担任董事、高级管理人员或核心技术人员职务于相关通知到达相对方之日终止；若法律法规或劳动合同另有规定，则以法律法规或劳动合同规定的时间为准。

有本条第4项情形的，乙方所担任董事、高级管理人员或核心技术人员职务于双方协议生效之日终止。

有本条第5、6项情形之一的，乙方所担任董事、高级管理人员或核心技术人员职务于相关法定手续办理之日终止。

第八条 乙方劳动关系终止事实相关的证明文件，包括辞职通知、免职通知、职务终止协议、退休证明及死亡证明、法院判决及裁定书等为本协议附件，为本协议不可分割之有效组成部分。

第九条　违约责任

1.任何一方违约的，均应当赔偿对方因此遭受的一切损失。

2.若一方违反约定逾期付款的，应当按照万分之四的日利率向对方支付逾期违约金。

第十条　税费

与股权转让相关的税费依据法律法规规定各自承担，法律法规未规定的由双方平均分摊。

第十一条　修改与放弃

1.本协议未经甲、乙双方书面一致同意，不得修改。

2.如任何一方并未要求另一方履行本协议任何条款，此并不影响该方要求对方履行该条款之权利；如本协议内任何条款确有被某一方违反，而对方放弃对其追究，不应被视作同时放弃追究任何对该条款之继续或以后之违反，或放弃在本协议下之任何权利。

3.未经另一方事先书面同意，任何一方不得转让本协议项下权利义务。

第十二条　适用法律及争议的解决

1.本协议以及本协议项下双方的权利与义务，均应适用中华人民共和国法律，并根据中华人民共和国法律解释。

2.甲、乙双方同意因本协议而产生或与本协议有关的任何诉讼争议争应由本协议签订地人民法院管辖。

第十三条　协议生效的条件

本协议自甲、乙双方签字并加盖公章之日起生效。

第十四条　文本

本协议正本一式四份，甲、乙双方各执两份；副本两份，交公司办理相关登记手续用。正本和副本均具有同等法律效力。

甲方：

乙方：

参考文献

[1] 鲍玉成. 合伙人制：创新型企业管理与运营实战策略 [M]. 北京：化学工业出版社，2018.

[2] 陈皓. 合伙人时代：开启股权合伙创业新模式 [M]. 广州：广东经济出版社，2017.

[3] 武帅. 不懂合伙，必定散伙 [M]. 北京：中信出版社，2016.

[4] 郑指梁，梁永丰. 合伙人制度：有效激励而不失控制权是怎样实现的 [M]. 北京：清华大学出版社，2017.